PENSER SA VIE EN MARCHANT
Jean Béliveau

[CORNAC]

5, rue Sainte-Ursule
Québec (Québec) G1R 4C7
Téléphone : 418 692-0377
Télécopieur : 418 692-0605
www.michelbrule.com

Distribution : Prologue
1650, boul. Lionel-Bertrand
Boisbriand (Québec) J7H 1N7
Téléphone : 450 434-0306/1 800 363-2864
Télécopieur : 450 434-2627/1 800 361-8088

Impression : Imprimerie HLN inc.
Photo de la couverture et illustrations : Jean Béliveau
Révision : Natacha Auclair
Photographie de l'auteur : Martine Lefrançois

Les éditions Cornac bénéficient du soutien financier du gouvernement du Québec—Programme de crédit d'impôt pour l'édition de livres—Gestion SODEC et sont inscrites au Programme de subvention globale du Conseil des Arts du Canada.

Nous reconnaissons l'aide financière du gouvernement du Canada par l'entremise du Fonds du livre du Canada (FLC) pour des activités de développement de notre entreprise.

Société de développement des entreprises culturelles Québec

Conseil des Arts du Canada

Canada Council for the Arts

Dépôt légal — 2015
Bibliothèque et Archives nationales du Québec
Bibliothèque et Archives Canada

ISBN : 978-2-89529-318-7
       978-2-89529-319-4 (ePUB)

JEAN BÉLIVEAU

PENSER SA VIE EN MARCHANT

Du même auteur

L'homme qui marche, Montréal, Flammarion Québec, 2013, 256 p.

Merci chère Luce,
Thomas-Éric, Élisa-Jane et Maman.

Merci, le monde.

« *Prends le fabuleux risque de vivre avant de mourir.*
Parce qu'un jour, tu n'auras plus le temps de changer
ton passé. Trouve l'étincelle… »

Comprendre son passé,
c'est posséder son avenir.

PROLOGUE
L'île de la Personne de la forêt

Nous sommes le 19 mai 2009. Me voilà à quatre-vingts pour cent de mon tour du monde à pied. Je viens de finir de traverser les Philippines et je commence l'État de Sabah, en Malaisie orientale, dans l'île de Bornéo. Bornéo! Ça me rappelle les coupeurs de têtes du roman *L'enfant des sept mers*. Que d'exotisme dans ces noms d'îles, Sulawesi, Mindanao, Palawan, et que dire de ces noms de mer, Sulu, Célèbes, Sibuyan.

Là, je me dirige au cœur de cette nation Iban où, pas si longtemps après la Seconde Guerre mondiale, on a cessé la décapitation des chefs rivaux des maisons longues[1], question de respecter les nouvelles lois venues d'outremer. Ô combien courageux, ô combien convoité par les femmes celui qui ajoutait la tête du chef ennemi à sa collection! Ce brave dont la tête pouvait éventuellement se retrouver dans la collection d'un nouveau chef

---

1. Les tribus vivent dans des *long houses* sur pilotis. Chaque maison longue abrite un chef.

vengeur. Oui, quel plaisir de marcher sur cette terre… Je deviens curieux, j'imagine, je questionne, j'étudie ces gens aux gènes intacts, car j'ai la conviction qu'ils possèdent les clés de notre origine, ou de notre devenir. Comment vivais-je ? Où suis-je ? Où vais-je ?

Sur la terre Sous-le-Vent, je ne marche que dans des plantations de palmiers. Où est la jungle ? Où est l'exubérance verte que j'espérais ? À la croisée d'une route, une enseigne : « *Sepilok Orangutan Rehabilitation Center* ».

C'est plus loin dans les terres. Une minuscule réserve créée pour ces grands singes qui y sont trop à l'étroit apparaît sur ma *mappe*. Je me mets à penser au sens d'« orang-outan ». En malais, *orang* signifie « personne », et *hutan* signifie « forêt ».

Personne de la forêt.

Personne ! Euh !

Aussitôt, mon esprit voyage dans mon passé pas si lointain, de l'autre côté de l'Indien, le grand océan… en Tanzanie.

C'est le jeudi 22 avril 2004. Je marche depuis une heure quand je vois des dizaines de cyclistes pédaler péniblement, chargés de lourds bidons de plastique souillés contenant de l'ulanzi, un alcool artisanal. Ils sortent de cette entrée, là, juste sur ma droite. Curieux, comme toujours, je m'arrête. Ces hommes transbordent les bidons à partir d'un camion.

— Je veux bien y goûter !

Un jeune me verse de l'ulanzi dans un grand verre de plastique rose usé.

— C'est du *bambou juice*, m'informe-t-il.

C'est pas mal, c'est doux et légèrement pétillant sur les côtés de la langue.

— D'où venez-vous ? veut savoir le jeune homme.

— Du Canada.

— De l'île du Panama ?

— Non ! Du Canada, le Panama n'est pas une île.

— À pied ?

— Oui, je marche depuis plus de trois ans et demi.

— Wyowhh !

— J'ai encore huit ans à marcher…

— Yohh ! Tu vas rencontrer nos ancêtres, tes origines ? glisse gentiment l'un des hommes.

Je hausse les épaules et je continue mon chemin. Cette terre sans mesure étalon montre une sagesse rythmée par le battement des pilons qui séparent la farine des écailles, rythme venu des confins de l'univers que les esprits des ancêtres entendent volontiers. Je respecte ces âmes parce qu'elles sont de mes aïeux. Ici, je me fonds dans ces gens. J'ai peur, lorsque je pense à mon retour, de me perdre dans mon monde dévié.

Après quelque temps, j'arrive sur un site archéologique préhistorique et je dirige mon chariot à bagages vers un humble office au toit de chaume.

— C'est là-bas, en bas… Tu trouveras des pierres taillées qui servaient d'outils, me dit gaiement le gardien.

Je descends dans une vallée érodée. Impressionnant. Çà et là, il y a des centaines de silex sur le sol graveleux. Je prends le plus beau, l'examine avec attention, et il n'en faut pas plus pour que mon imagination s'envole encore une fois. Mais cette fois-ci, c'est un quart de million d'années en arrière. Un frisson me monte dans le dos.

C'est une main comme la mienne qui a façonné cette œuvre. Je me demande qui était celui qui l'a taillée. Comment vivait-il? Devait-il communiquer avec les mains, la voix, des expressions faciales? Et le niveau d'intelligence? Mais à quelle intelligence puis-je penser? *Homo sapiens*. Ce qui veut dire «homme savant». L'une des cinq espèces d'hominidés actuelles. Des singes sans queue, quoi!

Un être étrange et si familier à la fois…

Cet être a lutté sur des milliers de générations contre son espèce pour la protéger, pour migrer vers sa survie. Pour qu'à mon tour je vienne ici, comme il le faisait, par le plus respectable des moyens de transport, à pied. Cet être plus digne de porter le nom de «personne» que moi, car au passage, j'ai perdu de ces valeurs qui élèvent la conscience… En tout cas, il me semble.

Où sont les échos de ces millions d'ancêtres? Ils doivent se rejoindre quelque part dans l'univers. Mais plus près de moi, j'ai une origine aussi. J'ai tant regretté de ne pas avoir posé plein de questions à mes grands-parents sur leur histoire. Ils sont partis trop vite, c'était ma dernière chance. Je l'ai ratée. Ça aurait pu me servir de raccourci dans mon évolution de vie.

Je suis au centre de la vallée du Grand Rift, là où l'on suppose que se trouve l'«origine de l'humain». Je suis sur le site d'Isimila, dans la vallée du Korongo. Je vole ce privilège, je dormirai sur ce sol, dans ce berceau de l'humanité.

Le lendemain, je continue d'explorer ce temple impressionnant. Et la chance me sourit, comme s'il n'y avait pas de mauvais hasard. Il m'est apparu, solitaire, venu d'une énigme, tout aussi énigmatique que son nom l'indique : Sourire de Lune. Il est arrivé de derrière l'un des piliers naturels du site, des colonnades de terre et de pierre qui ont survécu à l'érosion. Ils soutenaient certainement le seuil des civilisations. On disait qu'il y avait un lac au-dessus de ces piliers.

Ce nomade porte des peaux sur l'épaule, une outre et une besace remplie de miel et de baies, de racines et de fruits sauvages. Je le regarde, il prend le temps d'observer les oiseaux pour qu'ils lui enseignent comment se nourrir et se guérir, pour qu'ils lui chuchotent les dangers à éviter et les bons chemins à emprunter. C'est un indice qui me confirme qu'un dialogue existait entre les espèces, humains inclus. Il semble curieux, en quête, jamais satisfait. Il me ressemble un peu, observant le monde du point de vue du chemin, du chemin de la vie. Un marginal, quoi.

Berceau de l'humanité... Je songe...

Le nomade m'aperçoit. Il s'approche comme un vieil ami, avec un sourire. Il se présente timidement. « Je m'appelle Sourire de Lune. » Il s'agrippe, son cœur bien serré contre le mien. Il me souhaite si allègrement bienvenue sur sa terre ! On s'assoit sur le sol près du filet d'eau qui glisse langoureusement sur le sable marbré. Ça commence par l'histoire de la naissance d'une lune et celle de sa mère. Avec un silex à la main, il me raconte ses souvenirs dans une langue qui m'est inconnue, mais je comprends les signes de son corps et les expressions de son beau visage. Je sens une déter-mination, une rage de vivre, il est l'inspiration vivante. Il me parle trop peu de l'amour de sa vie, il se concentre plutôt sur les valeurs. Ses yeux se mouillent quand il m'explique qu'en Afrique, en Asie ou en Amérique, les tribus ne volent pas, elles prélèvent... Anciennement, il n'y avait pas de pauvres, il y avait des sociétés. Ce sont les «indi-gènes» occidentaux qui ont exporté le concept de pauvreté, de richesse et de vol en s'accaparant des biens et des terres ancestrales de ces tribus. «J'ai fait ce constat dans ma longue marche», lui expri-mais-je en acquiesçant d'un signe de la tête.

Sourire le nomade se volatilise devant moi, et ma pensée se ranime comme si j'ouvrais les yeux au petit matin. Un temps avait passé. J'attrape le guidon de mon chariot en lui donnant une poussée pour continuer mon chemin de vie. J'avais pourtant l'impression d'un déjà-vu. Il venait de me relater un bout de son histoire. Ça commençait à l'aube de sa vie, telle que sa mère la lui expliquait...

ERA PRIMA

I

Ma jeunesse

— À la mesure des spasmes de l'enfantement qui me tordaient le corps, je gémissais. Je me suis accroupie. Mon gros ventre entre mes jambes poussait et poussait. L'Esprit de la nuit soufflait sa fraîcheur sur ma chair suintante, et là-haut, tout là-haut, la déesse Lune m'offrait son plus beau sourire. Assurément, ces deux Esprits voulaient apaiser mes souffrances. Alors, j'ai approché mes mains là où ta petite tête voulait voir ce monde. J'ai poussé, poussé encore, tellement que mon cri s'est fait entendre au loin. Une ultime contraction, et je t'ai attrapé. Mes eaux mêlées à mon sang enduisaient ta peau et les feuilles fraîches. Tu avais tellement hâte de voir le monde! Tu es sorti de mon sein d'un coup et tu m'as déchirée. Tu t'es projeté vers la lumière. Tremblante, j'ai appliqué de la terre sur ma plaie pour endiguer le flot du fluide de vie. L'argile, ça guérit tout… Tu savais?

La terre, c'est la vie. C'est aussi la mort. Épuisée et inquiète, je me suis étendue sur les feuilles avec toi sur mon sein. Un pleur a nettoyé ton respire, puis un joyeux sourire a fait briller ton visage. L'exténuation a laissé la place à la tendresse, à l'amour. Tu sais ce que c'est, l'amour?

Ma mère avait toujours le tour de me poser des questions qui faisaient fuir mes yeux vers le sol. Tout ce que je savais sur cette énigme était que les amoureux retenaient leur souffle très longtemps en s'embrassant. C'était, paraissait-il, une des deux manières de faire des bébés.

— La Lune en barque nous souriait encore, Sourire de Lune. Voilà, tu avais un nom.

J'écoutais attentivement ma mère pendant que nous lavions les tubercules. Elle avait une voix si douce, ma chère mère.

— Je te regardais et ta peau était si malade à côté des autres beaux bébés du clan. « Ne pleure pas, ma fille. Tu verras, il gagnera la bataille… Ne pleure pas… », m'encourageait ta grand-mère.

Elle a poursuivi :

— Je me rappelle aussi, mon petit curieux – tu venais tout juste d'avoir tous les doigts de mes pieds et de mes mains de cycles lunaires, que nos regards s'entremêlaient pendant que je mâchouillais une racine en la mêlant à ma salive. J'achevais de te nourrir avec ma bouche, car ta peau guérissait. De plus, ta jeune sœur te suivait de trop proche. C'est à cause de ton père, le vieux vigoureux.

D'un coup, maman a hésité. Elle a pris un ton grave.

— Ton père.

Son visage a rougi. Mon esprit est devenu confus.

— Papa ?

— Oui, ton père. Elle a enchaîné doucement. C'est à cause des migrations de la chasse et de la cueillette… Elles apportent aussi leurs victuailles inopinées.

Alors j'ai compris que mon père n'était pas mon père. Elle avait plusieurs époux de toute façon.

— Ton père adoptif se faisait vieux et à part faire l'enseignement aux plus jeunes, il s'affairait aux activités très sérieuses et compliquées des aînés. Il traçait des signes sur le sable, et montrait aussi à tailler les galets. Moi, je n'avais pas le temps, les cueillettes, les enfants et ma tâche avec les sages et la matriarche de notre clan. Excuse-moi, Sourire, je dois y aller, j'ai de la besogne.

Je l'ai regardée s'éloigner et, à l'opposé, je voyais le sentier de chasse et de cueillette qui se perdait dans la brousse.

— Nous te marierons pour nous faire riches, m'a crié ma mère de loin.

Je n'étais pas si certain de cela. J'étais à un âge romantique, et ces cochonneries me dégoutaient.

Cette annonce sur mon père m'a trotté dans la tête. C'était dur à assimiler. Puis j'étais furieux contre ma mère et ce vieil impuissant qu'était mon faux père. Je me suis sauvé dans les buissons pour plusieurs lunes.

« Ton père n'est pas ton père… »

Euh !

« Accepte, me répétais-je. La paternité n'est qu'une supposition. Si tu n'acceptes pas, tu vas bloquer ton chemin de vie. Oui, je dois accepter ! »

Le bonheur a repris peu à peu son territoire. Dans le fond, je l'aimais, mon vieux père. Il était quand même mon père. Mon bon père à moi.

Trois cycles de lune avaient passé depuis ma fugue.

Un soir, au crépuscule, mon ami Dogo et moi étions accroupis dans le contraste des lueurs sournoises. Il m'a dit quelque chose de bizarre. Les tonalités gutturales de sa voix étaient semblables aux sons de la faune environnante qui se cachait dans ce noir.

— Tu comprends le sens des pierres ?

Ses mains poilues et bien prises frappaient deux galets ensemble. Il en a jailli une étincelle et un éclat. Il a levé la tête. Son regard sous ses arcades puissantes se perdait dans la nuit des temps.

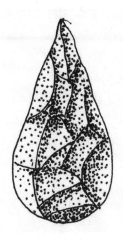

— Prends une de ces pierres et taille le silex.
Affine le tranchant. Ici, donne-lui la même courbe
opposée ; là, la poigne doit se marier à ta main
pour ne faire qu'un avec ton instinct. Sculpte la
plus belle de toutes. Tu comprends ?

— Non ! Quoi ?

— Si on écoute les pierres qui ont un sens, elles
peuvent nous raconter leur histoire. Plus tard, ce
silex racontera ta vie.

Ce moment précieux a déclenché quelque chose
en moi. J'ai examiné attentivement le sens des
grains, et j'ai frappé et frappé encore pour en
dégager la pièce finie. Clic-clac ! À chaque frappe,
encore une étincelle.

— Ce que je vois de cette banale pierre brute
n'est que sa surface, soit une infime partie d'elle.
Le plus important est ce qu'elle renferme. Plus
qu'un outil pour se défendre, chasser, couper la
viande ou gratter les peaux, c'est la magie. Le
mystère.

Dogo était heureux, il a acquiescé en précisant :

— Si la pierre dégage un minuscule feu à chaque frappe, c'est qu'elle le contient.

— Quoi? Le feu? me suis-je exclamé d'un air ébahi.

— Pour faire un grand feu, il faut que la pierre soit frappée de tous les tonnerres rassemblés.

— Un feu de pierres?

— Non! La pierre étincelante… Il y a la pierre étincelante quelque part, une pierre qui a reçu une grande frappe…

Un moment de silence s'en est suivi, long comme l'éternité. Nous avons élevé notre regard vers la voûte diamantée.

— Voilà la preuve, la pierre de lumière existe.

Dogo m'a écouté silencieusement pendant que je tissais habilement la fibre tirée de longues feuilles. J'avais acquis l'admiration de la chef du clan lorsque j'avais élaboré ce procédé. Le silex était bien retenu par une fibre tissée d'un bras de longueur. Sa pointe à nu était redoutable. Cette arme effrayante gonflait l'orgueil du chasseur. L'impact était fatal quand on la faisait tourner du bout d'un fémur.

Bien plus tard, Dogo a pris un air calme en chuchotant, comme s'il s'agissait d'un secret.

— J'ai attrapé une étincelle dans un rêve et elle m'a parlé. Quand il ne pleuvra plus, alors tu devras partir vers les étoiles stables pour trouver cette pierre de lumière.

— Incroyable coïncidence! Meuh! Je dois te faire un aveu, mon ami Dogo. J'ai eu le même songe. De plus, j'ai vu le Vieux Grognard avant que la vie ne s'envole de lui. Nous étions sous l'arbre sacré, celui qui enracine ses branches dans le ciel et qui apporte la connaissance. Je lui ai parlé de cette étincelle de rêve. Ses yeux sont devenus petits et brillants, et son souffle saccadé a poussé ces mots : « *Au loin, de l'autre côté, sur l'une des cinq grandes terres, tu aborderas une côte dont les eaux ont une étendue encore plus immense que l'immensité. Cette eau va dans un mouvement de va-et-vient qui chatouille le sable et les roches, comme des inséparables. Elle berce les hommes en les emmenant sur le dos de ses vagues. La légende dit que cette eau saumâtre renferme des monstres redoutables.* » Il continua : « *De l'autre côté de ce très lointain fluide, il y a des animaux qui te laissent passer et des plantes qui te donnent des fruits et des baies arc-en-ciel au gout succulent. Tu seras le bienvenu chez ces hominidés. Mais avant, tu trimeras dur.* »

Il m'a raconté que jadis, il courait en sautant par-dessus les pierres, grimpait dans les arbres plus vite que le léopard et déjouait tous les fauves. À la nuit de sa vie, la terre appelait son corps et son esprit voulait sortir de son vieux cœur. Je lui ai parlé de la pierre de lumière. Il a à peine eu la force de lever le bras et de murmurer : « *Toi, tu as la jeunesse. Va avant qu'il ne soit trop tard. Va la trouver, elle est là-bas. Vis avant de mourir. Parce qu'un jour, tu n'auras plus le temps de changer ton passé...* »

Avec son sourire d'ivoire et ses yeux étincelants comme les étoiles, Dogo n'en pouvait plus de contenir sa joie, une joie empreinte de nostalgie. Il s'est levé et a dansé sans discontinuer.

— Tu iras plus loin que le lointain qui fait toucher le ciel à la terre ?

— Oui, aussi loin, comme avancer vers l'arbre sacré dans une marche qui équivaudrait à un cycle lunaire.

D'un saut, Dogo a joyeusement entouré mes hanches de ses jambes.

— Dogo, pourquoi ne viens-tu pas avec moi?

— Non, mon ami, c'est ta mission. Si je t'accompagne, l'Esprit ne sera plus le même. Je ne doute pas que ce serait bien, mais là, tu dois suivre ta destinée. Tu vas apprendre beaucoup dans les espaces pleins et vides. Surtout, ne cherche pas à comprendre les choses compliquées – elles enlèvent le mystère de l'Esprit. Il y a quelque chose en toi qui comprend mieux tout cela que toi. Fais confiance, laisse-la te guider. Tu vas être vieux si tu reviens. Bien des gens de ta famille et du clan ne seront plus. Je vais être vieux aussi… Bien! Je t'attendrai, mon frère! Et tu me raconteras? Tu reviendras? Trouve-le, ce caillou de feu!

Émus, nous nous sommes étreints fortement et nous nous sommes séparés pour rejoindre nos familles.

La pluie diluvienne, dans un vacarme, se ruait sur le vert de la jungle. Un matin, ébouriffé d'un sommeil cassé, je suis devenu confus. Sous les larges feuilles, les doutes, les peurs et les questionnements rebondissaient dans mon esprit. Les peuples, les prédateurs, les froids, les fièvres qui tuent, les signes et les langages étranges. Il y avait aussi les redoutables p'tits méchants invisibles. On les imaginait mi-hommes, mi-animaux. Ils étaient terrifiants.

L'un des enseignements des aînés nous sommait de vivre comme les étoiles stables autour desquelles

les autres tournaient toujours. Cela signifiait de nous resserrer dans le clan pour faire force. La survie était difficile. Il fallait vivre autour de la famille et des voisins pour supporter les épreuves et les agressions des Mauvais Esprits. Et que dire des tribus d'ailleurs qui menaçaient de s'approprier violemment notre bonne providence ?

Papa racontait toujours cette légende : « *D'ici, nous étions loin. Jadis, notre peuple vivait dans un si joli paradis. Un jour, une nation sans terre nous a poussés. Et comme une pierre lancée sur une autre, nous avons évidemment envahi une autre nation. Nous ne l'avons pas chassée. Nos racines sont dans la terre et dans le cœur de cette nation. Désormais, leurs ancêtres sont nos ancêtres.* »

Me voilà coincé.

Il y avait ce rêve en moi qui prenait de la force, comme un lionceau qui se voulait le petit chef de ses frères et sœurs, et ceux qui avaient un autre désir pour moi. Je me sentais si seul.

Plus tard, la pierre brillante est revenue plus forte dans ma tête. Comme la graine d'une fleur que je cajolais dans mon cœur. Se sont éveillés en moi une curiosité, un émerveillement qui allaient au-delà du feu de bois issu des étincelles provoquées par le choc des silex. Dans la nuit, les étincelles brillaient en permanence et comme les aînés nous l'enseignaient, elles étaient les guides de la vie. Chaque étoile avait sa personnalité et chaque groupe d'étoiles dictait le chemin et les présages.

C'était poussière par poussière que je ferais une étoile. Et étoile par étoile que je ferais mon firmament. Oui, mon ami Dogo, J'allais partir… J'allais voir ce que personne n'avait osé imaginer. Je me raserais le crâne et, dans le lac, je me laverais de toutes mes forces avec le sable pour me débarrasser de mes blocages. Je jetterais toutes mes peurs au loin dans le fond du lac pour qu'elles ne me hantent plus.

Mais avant le grand départ, il fallait que j'aille chercher la vie, que je parte pour autant de lunes que représentent les doigts des mains…

Les jours ont passé et, pour un temps, je me suis engagé seul, m'enfonçant de plus en plus profondément dans la brousse, question de tester mon courage. Loin, j'y ai passé des jours et des nuits avec pour seuls amis des couteaux fabriqués dans les plus fins des silex, une poignée de bâtons pointus et, surtout, des braises entretenues dans une poche de cuir. Ça suffisait pour tenir en respect les plus forts de la chaîne alimentaire.

Dogo et moi trimions durement à balancer le pieu pour déraciner la pierre brute.

— Je suis heureux que tu sois revenu de ton périple avec plein de force. Tu te rappelles, Sourire? Tout jeune, tu quittais tes bandes d'amis, tu explorais seul les petits sentiers qui environnaient le clan.

— Oui, je me rappelle. Je me rappelle aussi qu'avec les amis, ça tournait toujours autour du petit chef. Lui, il tenait son courage des folies exagérées de sa clique. Et les soumis restaient autour, sans savoir… Et les chefs passent… Et le pouvoir reste sur place tant qu'il y a des suivants.

— L'eau me pisse sur le front. Ouf! Cette roche est bien prise.

— J'avais une intelligence différente disait-on, mais ils m'accordaient leur respect, et je le leur rendais. C'était magique… Je m'échappais la nuit venue pour combattre des monstres imaginaires. Sitôt ceux-ci apprivoisés, un nouveau surgissait qui me donnait des frissons. Un jour, mes fantômes sont devenus mes alliés et ils m'ont aidé à faire un bout de plus.

— Voilà, elle est sortie de son trou, cette maudite roche. Méritons-nous une bonne baignade?

— Oh oui! Au lever du soleil, ce sera encore la leçon des aînés, en bas, sous l'arbre sacré. Ces vieux trouvent ma pensée déformée parce que mon ici est toujours ailleurs. Pourtant, je me sens tout à fait intelligent en comparaison des autres.

— Ceux qui se pensent parfaits sont ceux qui sont infirmes dans leur tête. Alors toi, tu te penses parfaitement intelligent! m'a dit Dogo, pince-sans-rire.

Nous avons déboulé tous deux, crampés de rire, tantôt la tête arquée en arrière, tantôt pliés en deux, en trébuchant sans pouvoir contrôler la pierre. Cette dernière s'est mise à rouler, à rouler jusqu'en bas, frôlant de justesse le gros arbre sacré, là où les aînés grattaient sérieusement la terre pour former des signes.

— Hé, les jeunes… Vous êtes fous ! se sont écriés les vieux en essayant de nous attraper.

— Ouf ! Ils nous ont manqués, les vieux sérieux. Nous aussi, nous les avons ratés avec la pierre ! s'est esclaffé ce fou de Dogo.

Nous étions encore plus crampés.

Nous aimions laisser rouler le bon temps.

Plus tard, durant une réunion, la matriarche, grande amie du défunt Grognard, s'est levée solidement.

— Nous devons reconnaître, tous, le courage de Sourire. Il s'est éloigné durant des lunes dans la brousse jusqu'à la savane lointaine et il nous est revenu rempli de fierté et avec plein de rares victuailles. Encourageons sa quête, car Dogo et lui ont reçu le même songe des Esprits. Que ceux et celles qui le peuvent accompagnent Sourire jusqu'à la nation des Formidables Guépards. Nous allons en profiter pour chasser, cueillir et échanger des présents. Cela sera bon pour nous. De là, nous demanderons de bons conseils que Sourire de Lune utilisera.

Tous ont appuyé la proposition de la matriarche. Seuls quelques femmes, les enfants et les vieillards resteraient.

Le groupe a marché deux lunes pour rejoindre le peuple des Formidables. Rendus sur place, nous avons resserré nos liens d'amitié avec ce peuple grâce à d'heureuses festivités. Trop vite est arrivé le temps où je dus quitter ma famille et mes amis. Ma mère s'est approchée tendrement de moi en me tendant un objet.

— Elle provient d'une très haute montagne sacrée, tellement haute que les nuages et le blanc froid couvrent sa cime. Mets-la dans ta besace, prends-en soin, mais ne la possède pas. La possession est de l'esclavage, et l'esclave cherchera toujours la liberté. Laisse-la libre et elle te reviendra si tu la mérites.

— Qu'est-ce que c'est?

Ma mère n'a pas répondu.

J'ai pris délicatement le petit sac bleu en scrotum de phacochère du bout de mes doigts en faisant un signe de tête. J'ai jeté un regard timide dedans avant de le déposer dans le fond de ma sacoche.

Les adieux se sont faits avec des débordements d'émotion qui se sont manifestés par des ululements et les claquements rythmés des baguettes et des bâtons de bois. Derrière moi se trouvait mon cher vieux père adoptif. Je l'ai serré contre moi, il a toujours été vieux, mon vieux! Je voyais le reste du clan et, surtout, ma mère et d'autres femmes plongées dans une douloureuse transe hystérique. On ne se reverrait plus jamais, elle me connaissait, ma pauvre mère!

Elle savait... Sa déchirure profonde m'a fait mal...

Il y a de ces drôles de paradoxes. Avant, j'étais seul contre l'idée collective qui dictait le sédentarisme. Et là, à l'opposé de leur chemin, ces braves souhaitaient que je m'accomplisse. La confiance est une chose si magique, elle incarne pour l'élu l'audace du lion orgueilleux.

Après une demi-lune de marche, une autre peine a rattrapé mon cœur. Comme une gazelle à court de souffle, Dogo m'apportait un message.

— Le soupir est sorti de ton père.

Ce message a creusé un vide dans mon cœur. Pauvre père, il était mort de peine. J'aurais pu être près de lui, il m'aimait. Et ma mère, la bien-aimante, la courageuse…

Dogo m'a accompagné un bout de temps pour soulager cette douleur venue du départ de mon paternel. Plus tard, sur une colline, le souffle frais du vent a asséché graduellement ma peine. Dogo m'a fait voir l'horizon.

— Là-bas, les mondes des cieux rencontrent ceux de la terre. Tu te faufileras dans cette fine ouverture, tu arriveras comme ton père l'a fait dans le monde des Esprits.

Je me suis questionné un instant sur le sens de sa pensée. Allais-je mourir aussi ? Heureusement, la peine et la douleur se métamorphosent toujours. Un jour, bien longtemps après, mon père m'a tenu par la main. Je le voyais bien en vie dans cette savane tapissée de fleurs blanches et de papillons qui faisaient rejaillir le vert des collines. Au loin, des rochers voulaient asseoir leur domination sur le bleu immense et dans la plaine. Les antilopes filaient à toute vitesse au travers des longues herbes et, plus loin, nous avons contourné un troupeau de buffles. Puis nous avons longé longuement le cours d'eau qui sillonnait au fond de la vallée. Durant tout ce temps, nous avons échangé sur la vie comme jamais nous ne l'avions fait de son vivant.

Dogo m'a avisé qu'il devait s'en retourner. Il m'a montré le rarissime silex blond que je lui avais offert avant de nous quitter la première fois. Il a enterré ce petit silex au pied d'une pierre longue que nous avions relevée à la verticale. Tout autour, il a jeté des semences de fleurs de songes.

Notre trésor d'amitié était enfoui sous cette pierre pour l'éternité.

Des nocturnes et des nocturnes après, j'ai vu une chaîne de montagnes qui brisait l'horizon. Les nuages s'étaient déposés dessus. Cela m'a rappelé ma mère. C'était merveilleux. Plus je m'approchais, plus elles devenaient magistrales. Au piémont, je me suis faufilé dans l'entrée sombre d'une caverne. J'y passerais la nuit... pourvu qu'elle ne soit pas habitée par de féroces créatures. J'ai lâché des cris.

— Ho hé !
— Ho ha...
— Ho hé !

— Ho ha…

Mon poème rebondissait en échos répétitifs. Du coup, j'ai eu un étrange sentiment de déjà-vu.

Je me suis engouffré plus profondément dans le ventre obscur de la montagne. Les gouttes d'eau se détachaient des stalactites, brisant le silence en multipliant les clics-clacs par dix, par cent. Je progressais en tâtant la paroi rocheuse, en me laissant hypnotiser par le lâche reflet lointain sur une nappe d'eau. Je ne contrôlais plus ma destinée. Je sentais l'au-delà et je voulais sortir. Je m'engluais dans les fientes, et ça volait et ça sifflait de partout. J'ai prudemment contourné une mare intérieure et… oups ! j'ai glissé dans une eau chaude et sulfureuse.

Il fallait avancer. Reculer serait mourir.

Au travers des chicanes étroites, la lumière se faisait plus intense, au point qu'elle m'éblouissait. À la sortie, le jour resplendissait du soleil d'un petit matin. Pourtant… Avais-je dormi ? Je ne pensais pas… Ma mémoire ?

J'étais comme un enfant qui ne se rappelait plus ses origines. Venais-je d'une énigme ? Du néant ? De la lumière ?…

Qui sait…

Quelque chose m'échappait. Toutefois, ce doux moment dans un monde intemporel m'a charmé.

II

La Petite Vieille

Très anciennement, au piémont des Muchingas, Afrique - 136 048 ans

Mon expérience de cette fameuse caverne m'avait clairement indiqué que je traversais et sautais des époques à grands coups de millénaires. Je parcourais ma vie de là où l'humain avait commencé à communiquer avec sa voix en amalgamant des sons, des mots. Mais jusqu'où allais-je me rendre en tant qu'humain ? J'allais marcher en raffinant ma connaissance, comme le tailleur de pierre qui va créer une œuvre. J'allais regarder ces paysages, j'allais croiser des gens inspirants qui, tout comme moi, se nourriraient des autres.

Par chance.

J'ai été reçu dans de rares peuplades et j'ai souvent observé leur aplomb. C'était clair : ces gens vivaient en clan, en force. Moi, j'étais vulnérable. Malgré cela, ils s'émerveillaient toujours de mon courage. Je n'en étais pas sûr. Puis un jour, j'ai compris. C'est l'un d'eux qui me l'a dit. J'étais trop humble pour me laisser aller à tant de vantardises. Voilà. Il m'a dit que je m'étais volontairement mis en position de vulnérabilité, ce qui démontrait l'authenticité de mon courage.

Ce maudit courage est quelque chose d'éprouvant, et même de ridicule. J'étais déshydraté à marcher de lune en lune en suivant des pistes approximatives. Mais attention, des pistes, ça trichait, ça allait partout et tu ne t'en sortais pas. Alors il fallait des repères : les étoiles, le soleil du matin sur ma droite, celui de l'après-midi sur ma gauche. Le vent aussi m'orientait. Mes pieds étaient craquelés sous mon corps amaigri et flagellé par les longues herbes acérées ; je palpais les os de mon visage. Pourquoi avoir la frousse, les prédateurs n'aimaient que la chair autour des os.

Je me suis approché d'un clan et j'étais farouche. J'ai observé les jeunes au travers des buissons. Ils se chamaillaient comme des oiseaux sifflant leurs gazouillis. Les grands étaient affairés à leurs besognes, les uns accroupis à casser des noix séchées, les autres à empiler les branches d'acacia pour alimenter les feux.

Soudain, les petits chenapans se sont mis à crier en sautillant et en pointant ma cachette.

— YAOUÉ ! YAOUÉ ! Il y a un étranger ! Il y a un étranger !

J'ai levé les mains. Ils m'ont entouré et attiré vers les outres d'eau. Le chaman a apposé des cataplasmes de boues mêlées d'herbes fraîches sur mes plaies. Quel soulagement. La vie a vite repris son territoire dans mes chairs, et les rires ont déboulé de mon cœur qui s'enveloppait de fraîcheur. Incroyable : ce matin, je mourais.

J'ai vu avec stupéfaction l'avant-gardisme de cette nation. Les habitants s'abritaient de végétaux tissés. Ils piochaient la terre avec des bois en crochet pour en tirer racines et tubercules. Surtout, ils lançaient de fines perches munies de pointes de pur silex blond. Ces perches, aussi acérées que de longues herbes, pénétraient à bonne distance dans les membres des créatures géantes. Ça, il fallait y penser !

Ils m'ont invité à m'asseoir avec eux sur le sol battu autour d'abondantes victuailles. Leur langage bizarre faisait en sorte qu'ils sifflaient du bout de la langue. Ils employaient aussi de drôles de gestes et dessinaient dans la terre, ce qui me servirait dans l'avenir. J'ai compris que ce peuple nomade vivait la saison durant non loin d'une très longue étendue d'eau dans la vallée. Justement dans la direction de ma quête. Mais ils étaient inquiets pour moi.

— Où est ton copain ? Tu voyages seul ?

Ces mots qui sifflaient me faisaient bien rire.

— Mon seul ami est mon ombre, ai-je dit avec une pointe d'humour.

— Mais c'est dangereux ailleurs ! a répliqué un grand au visage cicatrisé.

— Oui ! La peur nous paralyse tous, mais il faut réveiller l'instinct qui dort trop souvent derrière la peur.

Quelquefois, seul, le moindre bruit piétinait mes raisonnements, me ramenait à un instinct primaire. J'écoutais tout de même les messages de la nature. Elle me parlait, la nature. Les craquements, les petits bruits de feuilles, la senteur du vent et le silence. Quand je dormais, les lézards et les serpents curieux me frôlaient dans leur sinueuse attitude. Je leur parlais… Ils m'écoutaient… Ils s'éloignaient, rassurés. Le plus important était le message des oiseaux, dont les cris tourmentés ou les silences rassurants donnaient un sens à tout.

— Mais les peuplades hostiles?

— Limiter sa confiance aussi bien que limiter sa méfiance. Niveler les cœurs. Les possédés d'arsenaux de guerres craignent le plus. Ils fabriquent la peur, et l'Esprit s'éloigne. En tuant, ils luttent contre leur mort, alors qu'elle fait partie de la vie. Comme la naissance, d'ailleurs. On ne lutte pas contre la naissance. Pour garder la mort en vie, nous avons créé les Esprits. L'humain de jadis sentait cette vibration de la mort dans sa poitrine, mais il n'avait pas peur de mourir.

Les regards sont devenus méfiants devant mon point de vue bizarre, mais comme pour dédramatiser l'ambiance, un bègue a pris la parole. Il sifflait par-dessus le marché.

— Si, si je n'ai p-p-pas peur de la mort, j-je vais être tué par des craintifs, simplement à cause de la f-f-fausse idée que je représente un d-d-danger?

— J'en ai bien peur, a aussi bafouillé le patriarche en hochant la tête doucement.

— Et la paix?

— La paix? ai-je rétorqué.

Euh! Inconnu au bataillon! Seuls existent des forces, des Esprits, des Dieux.

— On n'arrivera jamais à la paix. Soit c'est impossible, soit nous sommes trop stupides, a commenté le patriarche.

La paix est l'énergie nulle, alors nous n'aurons jamais la paix. La paix se trouve dans les charniers.

C'est un peu embarrassant à dire, mais je m'y risque… En fait, c'est comme un mystère. Il y a de ces gens qui vous interpellent sans qu'il y ait eu le moindre échange de signes, de regards ou de mots. Une manière de communiquer que seule l'intelligence du corps peut capter.

Tu me comprends?

Un soir, je me suis senti tout bonnement attiré par une petite dame bizarre. Elle avait des cheveux en broussailles. Elle était toute frêle et souvent assise sur le sol en retrait des autres. Voilà son appel mystérieux, et je suis allé à sa rencontre. Je me suis accroupi en face d'elle, sous son abri de feuilles larges.

Cette Petite Vieille, la chef spirituelle de la tribu que je venais de rejoindre, m'a examiné un instant d'un air impassible et, sans un mot, elle a enfoncé vivement ses doigts dans la terre ocre mêlée de cendres. Ils s'enracinaient. J'ai essayé de comprendre ce geste, croyant qu'elle récitait des prières incompréhensibles. Ensuite, elle a posé ses mains pleines de terre sur ses seins plats qui pointaient vers le sol, puis elle a ouvert ses mains endurcies en s'exclamant:

— Tu es des nôtres et des leurs.

J'ai vu sa dure vie. Assurément, elle était dans la période stérile de sa vie. Elle a ouvert ma main et y a déposé un cristal rose. Elle m'a initié longuement à quelque chose de très énigmatique. Après un temps dans le vide, j'ai regardé la position du Soleil. Il était déjà dans l'oblique. Elle a fixé le lointain, puis toujours sans un mot, nous avons eu une longue discussion.

J'ai senti qu'elle me demandait quand viendrait le temps de mon départ. Je lui ai montré deux doigts de ma main et j'ai pointé la position que le Soleil aurait lorsque je les quitterais.

— Je parlerai à la Grande Élue des transcendances. Nous ferons venir les ancêtres et tous les autres Esprits, bons et méchants. Ton Esprit n'atteindra jamais l'équilibre sans l'accord des méchants, qui permettra que le vent souffle gentiment sur ton visage, que ta quête t'apporte la richesse et que les enfants de notre Mère la Terre t'acceptent dans sa grande famille.

Je lui ai décoché un sourire. « Pas encore un rituel… », ai-je pensé. Les longues cérémonies m'ennuyaient et ma pensée s'envolait toujours. Elle s'est mise à rire, car elle m'avait deviné, et elle a ajouté :

— Rendez-vous en face du gros arbre sacré au deuxième coucher du soleil.

Dès le crépuscule, les claquements du bois contre le bois et de la pierre contre la pierre s'harmonisaient dans un tempo ahurissant. Les têtes bougeaient et les corps rythmés dansaient dans les ombres et la lumière des feux. D'abord lourde, l'atmosphère s'est sublimée pour devenir vaporeuse. Les forces s'exprimaient dans une transe psychogène invitant l'Esprit du mal à faire le mal comme il se devait et l'Esprit du bien à réaliser le bien convenablement. C'était la seule façon pour faire entrer la paix dans les cœurs.

Dans la pénombre, la Grande Élue, revêtue d'une délicate peau de panthère ornée d'ivoire de phacochère, a levé ses bras. Elle tenait fermement de longues lances. Selon leur rang, les notables couverts de belles peaux de zèbre ou de gazelle se sont lentement mis debout pour m'encercler.

Le silence a pris la place de cette cacophonie harmonieuse. Après un instant, de sourds cliquetis et des sons vocaux ont brisé le silence. C'était impressionnant. Je ne souriais plus. Tous ont tourné la tête vers ma droite. Une jeune vierge s'approchait du chef de la tribu. Elle portait un creuset de pierre contenant des braises rouges.

Je la contemplais. Elle cachait une beauté énigmatique. Elle était comme une déesse dans un songe. Elle ne regardait personne dans les yeux. Sa silhouette se déformait harmonieusement. C'était comme si elle dansait. De ravissantes petites pierres rouges brillaient à sa taille. Ses cheveux étaient enduits de terre rouge et son visage d'ocre doré était relevé de jolies hachures vermeilles.

Sur les tisons ardents, le chef a déposé des herbes sèches que la Grande Élue a humées. Puis ç'a été au tour du chef lui-même, celui des notables et le mien. Trois fois, la jeune fille a fait la ronde.

J'ai commencé à me sentir bizarre. Mes idées-poisons montaient avec la fumée, et chaque bruit, chaque silence dilatait et contractait un présent très limpide. Des vibrations foudroyaient les chérubins, les démons, les Esprits. Une mélodie étrange sortait de l'outre-monde. La Grande Élue s'est exclamée haut et fort en sifflant et en tremblant :

— Les Esprits me possèdent… Ils acceptent ma requête.

Un mentor de la junte m'a désigné les peaux par terre. Je devais m'étendre dessus. Au sol, j'ai été aspergé d'une eau mêlée d'herbes et de pétales jaunes et bleus. Ensuite, derrière moi, la jeune beauté a déposé le creuset chaud sur mon front pour élever mon esprit. J'ai pris son merveilleux regard pour le ranger précieusement dans un coin de ma mémoire.

Mais j'ai vu venir le chaman.

La souffrance ne se montrait pas dans ces peuples. On tuait inconditionnellement la lâcheté. À mesure que la pointe ardente de la lance creusait son sillon sur ma poitrine, ma mâchoire, mes pieds et mes mains se crispaient encore plus chaque fois que je voulais m'apaiser. Je ne méritais plus mon nom. Pouah! Quelle pestilence que ces vapeurs de chair brûlée! Le savoir des autres et l'expérimentation étaient deux choses différentes.

C'est tout ce que je me rappelle de cet évènement, comme si ma mémoire avait été coupée avec ce silex brûlant. Au petit matin, à mon réveil, après une nuit grise enchevêtrée de cauchemars et de rêves, sûrement à cause de la force prodigieuse des Esprits et de la jeune fille, je me suis vautré dans un charmant traumatisme. Je respirais encore le souffle mêlé de mots échevelés venus de la bouche de celle qui avait tenu le creuset sur mon front.

Ils étaient tous sur la place centrale, et il était temps de nous quitter. Elle s'est approchée maladroitement de moi. Elle fixait ma plaie. Elle a levé la tête. J'ai inhalé son souffle quand elle m'a chuchoté un message. L'espace d'un instant, l'éclat de ses yeux verts m'a aveuglé comme les scintillements du soleil blanc et les éclairs déchirant les ténèbres. Ma frayeur s'est dissipée d'un coup.

Les visages du clan ont sombré dans l'émotion. La Petite Vieille se noyait dans ses larmes. Elle m'a glissé chaleureusement des mots qui donnent de la force.

— Va ! Prends son respire, porte le message. Tu as le privilège d'avoir été invité par notre Mère la Terre pour en faire le tour. Jouis de sa bonne providence avec mesure et fais-toi un devoir, avant de la quitter, de la remettre comme elle était.

Ils pleuraient tous derrière moi. Pourquoi ? Je ne leur avais rien donné. Ils m'avaient tout donné et je filais comme un voleur. Je devais apprendre à prendre.

Cependant, mon cœur avait été dépouillé… Je rêvais que l'orage lave la boue rouge et l'ocre jaune qui collaient sur le visage de la jeune fille pour que je puisse l'adorer.

Mon cœur voulait prendre une direction que ma raison avait peine à retenir.

J'avais une quête.

Mais ce cristal rose que m'avait donné la Petite Vieille m'intriguait... Elle ne m'avait rien dit là-dessus. Signifiait-il quelque chose en lien avec la terre et la cendre dans lesquelles elle avait enfoncé ses doigts? Y avait-il un message, un indice dans ce cristal au sujet de ma quête? Et la couleur? Était-il un simple objet d'échange? Pourquoi pas un objet pour que je puisse me souvenir d'elle? Pourtant, on peut très bien se rappeler ceux qu'on a aimés sans l'aide d'objets. Le signe gravé avec son doigt sur la terre, que signifiait-il?

La Pouilleuse

Bien auparavant, au lac Turkana, Afrique
- 43 829 ans

Dans cette bruine fiévreuse, je discernais à peine les visages des marchands. Je me trouvais dans l'étrange résonance sourde d'un vortex. Je gisais pitoyablement sous un arbre et ma peau amincie cachait à peine mon squelette. Je venais de vivre des chaleurs extrêmes au cœur de la saison des pluies. C'était atroce ; les lances des foudres du ciel voulaient me tuer. Je sentais le foisonnement de cette énergie au fond du cœur de ma si petite âme. L'un des hommes a examiné mes yeux blancs d'aveugle en me posant des questions qui m'arrivaient embrouillées :

— Où sont vos amis ? D'où venez-vous ?

Un autre a versé de l'eau sur mon visage pour laver les grains de sable qui y étaient collés. Je sentais à peine sa fraîcheur pénétrer dans ma bouche à demi ouverte.

— Allez! Suce le jus de ces racines. Suce, allez! m'a encouragé celui qui m'apparaissait être le chef. Tu dois guérir.

Dans un délire profond, je ressassais des images sans ordre, et celle de deux individus bizarres et surtout très intimidants me revenait. Le plus vieux, avec son tic nerveux, me répétait : « *Tu risques de te faire attaquer, voler, tuer, massacrer, égorger, étrangler, démembrer, étriper, écarteler.* » Son jeune ami crasseux ne lâchait pas mon sac des yeux et me harcelait : « *Donnez-moi de la tige tendre à mâcher, celle qui engourdit l'esprit.* »

J'avais mis ma main sur son épaule et l'autre sur mon sac. J'avais hoqueté d'écœurement et reculé de deux pas. Même en respirant par la bouche, la puanteur putride-acide-sure de ce jeune m'avait quasiment fait vomir. Je m'étais méfié de ces hurluberlus faux protecteurs. J'avais vu leur jeu. C'était une réaction liée à un traumatisme remontant à l'enfance et j'espérais qu'ils se lancent un jour dans une meilleure direction. « *Rapprochez-vous de l'Esprit… Cela soulage du mal issu de la violence.* » Le jeune n'avait qu'une idée fixe : « *De la tige… Je veux de la tige.* » Pourtant, je leur avais offert de l'eau et du pain de singe, le fruit du *bu-hibab*, cet arbre géant sacré appelé baobab dans une époque ultérieure. Ils l'avaient jeté bêtement dans la poussière. Je souris encore en revoyant ces orgueilleux, même en état de dépendance, se retourner ensuite pour ramasser le précieux fruit. Il faut croire qu'un élément intérieur non accessible peut motiver à faire un pas dans la bonne direction.

Je sortais péniblement de cette confusion. Dans quel piteux état étais-je ? J'avais justement mangé de la tige tendre pour apaiser ma faim et ma douleur.

Je revoyais aussi dans ce brouillard celle que je sentais si près de moi. L'éloignement et le temps n'avaient pas raison d'empêcher d'aimer. Cet ange aux yeux verts m'avait insufflé la force d'affronter des situations étranges. Ces mots éparpillés qu'elle m'avait soufflés étaient devenus clairs comme une cascade printanière. « *La vie la plus riche se promenait hors des chemins.* »

Ce soir-là, dans cette confusion, j'ai essayé d'attraper des brillances, des étoiles.

— Pourquoi certaines brillent-elles plus que d'autres là-haut ? Comment puis-je faire pour les cueillir et les offrir à cet amour qui fait battre mon cœur ?

Je me suis assoupi. Les bons marchands ont décidé d'établir le camp pour cinq nocturnes.

Mais moi, j'avais frappé mon mur.

Le lendemain, j'ai décrié avec véhémence la couardise qui m'avait fait laisser ceux que j'aimais.

— Je suis un fugitif, un lâche !

Tous ont dit que j'avais les œufs durs, que j'étais courageux, mais je ne croyais pas posséder cette vertu. Pourquoi m'encourageaient-ils à aller chercher ce non-sens ? Quelle sorte de charlatan étais-je pour embarquer tant de gens pour une simple roche ? Un couillon ! Étais-je vrai ? Je craignais qu'en amorçant ma quête, ce courage ait fait un pacte avec la lâcheté. Égoïste ! Égoïste d'avoir quitté des êtres chers pour une entreprise égoïste…

Tant de tourments sans réponses claires. Malgré tout, une main géante me poussait toujours vers l'avant. La main de la force que j'avais en moi.

Je connaissais le langage des animaux, leurs cris, leurs silences, les signes de danger, leur manière de se mouvoir, leurs traces. Je connaissais leur nourriture et savais lire dans les excréments. Je pouvais trouver des points d'eau et de la nourriture grâce à eux. Mon talent à communiquer dépassait les connaissances traditionnelles dans les différentes expressions et exclamations, dans le langage corporel – bras, mains, doigts et faciès. L'extrapolation en danse était un art très utilisé pour exprimer l'inquiétude, la bravoure, l'amour, y compris chez les humains. Évidemment, il y avait confusion de langages, mais il ne fallait pas dramatiser.

Mais là, j'étais en territoire inconnu et certaines connaissances m'échappaient.

Une fois le camp levé, le maître-marchand, prêt à repartir avec les marchandises, m'a tiré à part avec l'un de ses compagnons, chez qui j'avais remarqué un comportement bizarre.

— Écoute-moi, je te raconte… Écoute! Et arrête de parler en sifflant du bout de la langue comme les gens de la contrée aride. Un jour, un petit groupe de chasseurs s'était aventuré hors du territoire. C'était la sècheresse. Ils avaient réussi à isoler un jeune buffle de son troupeau. Soudain, une meute de prédateurs est apparue et en un éclair, les chasseurs se sont dispersés pour déjouer les carnivores affamés. Intensivement, ils ont lancé des pierres tout en les menaçant nerveusement avec leurs lances. L'un des chasseurs, le plus brave, s'est avancé d'un pas, un seul. Le pas de la fatalité. Il a été attrapé par l'arrière de la jambe et les bêtes se le sont disputé sans pitié. Je te le dis ! Ne fais pas le brave dans le royaume des bêtes qui sont dévorées et de celles qui ne le sont pas. Tu es de passage et tu as le choix : être réduit en excréments ou poursuivre ta quête. Plus que jamais, garde tes yeux en arrière de ta tête. C'est pourquoi je t'assigne cet homme fiable. Suis ses consignes !

J'ai jeté un œil suspicieux à mon nouvel acolyte.

— Gardez des lances et un feu dans un sac de cuir, et mettez-vous en vigie la nuit.

— Sur combien de distance, ces dangers ?

— Tu en as pour au moins deux tours de lune blanche jusqu'à notre camp de migration.

Sur le sentier interminable d'une plaine semi-aride, mon ami imitait tous mes gestes. Je me grattais le nez, il se grattait le nez ; je crachais, il crachait. Après un moment, je lui ai dit :

— Assez !

Il a répété la même chose. J'étais exaspéré. Extrêmement irrité, je lui ai ordonné d'un ton sec :

— Va-t'en ! Je veux être seul. Il a récidivé avec la même intensité que la mienne… J'ai abandonné. Cela ne me servait à rien de me focaliser là-dessus.

Les hautes herbes très coupantes et quasiment sèches de la savane étaient parsemées de buissons à épines. S'y faufilaient partout des phacochères, des gros lézards, des serpents et, surtout, des félins qui exigeaient la soumission. Le truc était de baisser les yeux et le visage et d'incliner son corps. Accepter la suprématie territoriale de ces animaux était un droit de passage. Et s'il y avait attaque, une seule loi : s'imposer violemment, montrer les dents, crier agressivement, être en position d'attaque et attaquer. La fuite aurait été fatale.

Dans ce lieu, il fallait observer. Quelles plantes, racines ou baies utilisaient les animaux pour se guérir ? Ça pouvait servir. Un jour, nous avions repéré une colline pour examiner les environs. Mon compagnon de voyage m'avait montré du doigt une butte au loin et m'avait fait un signe – le côté de son visage était appuyé sur sa main. « *Dormir…* » En entendant le rugissement et le ricanement des hyènes, il avait fallu dormir sur une proéminence. Elles s'étaient tenues loin du feu que nous avions alimenté à chacun de nos quarts.

Le jour, la chaleur extrême nous cuisait la peau. Nous nous enduisions de poussière pour nous protéger du soleil. Nous devions creuser dans le gravier des rivières asséchées pour faire jaillir l'eau et remplir nos outres. Il fallait boire beaucoup. La chose la plus importante était de bien manger et de bien dormir. La gueule de gorille de mon partenaire restait muette, mais il connaissait le chemin et la nourriture.

Je le suivais… Il marchait comme un primate et ça me faisait rire en dedans. On rit et on parle souvent dans le dos des autres quand on ne les connait pas.

— Tu as une famille ?

— Euh !

— Tu connais le pays des Mzigoeps ?

— Auh !

Primitif… En fait, il était plus primitif que moi, alors je l'ai appelé Premier.

Que pensait-il de moi Premier ?

J'ai commencé à fredonner un air mélodieux. Après quelques jours, Premier fredonnait avec moi. Nous avons chanté des jours et des soirs durant, et là, j'ai découvert un homme fantastique. Nos émotions passaient dans des sifflements et des sons mélodieux qui paraissaient très surprenants. Il m'avait imité pour me comprendre, analysant cette nouvelle manière de communiquer. Alors, je me suis mis à l'imiter et nous avons beaucoup ri. Une nuit, durant mon quart, j'étais tellement concentré à comprendre le comportement de mon ami Premier – il avait le sens, une manière très énigmatique, de se faire respecter des autres vies – que j'en ai oublié de nourrir les quelques braises de notre feu.

La pleine lune projetait sa lumière comme une sorte de soleil de nuit, et je suis allé faire mon besoin… Il était beau, mon besoin, l'indicateur que ma santé était revenue. Je n'avais pas réveillé Premier pour la vigie. Un cri violent m'a transpercé les oreilles et j'ai été poussé à terre. Des crocs se sont enfoncés dans mon épaule, ratant de justesse ma jugulaire. Des griffes me retenaient un bras et une patte me transperçait les flancs.

« Dégage-toi ! » me lançais-je à moi-même. C'était une femelle. Seules les femelles attaquaient et chassaient. Pour un éternel instant, j'ai senti la fin. Paralysé. Résigné. Mais la chose a craché de rage en s'affalant à côté de moi, transpercée en plein cœur. Grâce à Premier…

Il a appliqué de la terre sur mes plaies et a mendié le pardon de la bête pour l'avoir tuée. Plus que jamais, j'ai senti la vraie valeur de la vie. C'était la chose la plus précieuse. Il n'y avait pas de pierres, de plumes ou d'ivoire rares quand tu crevais de soif ou quand les autres vies te prenaient la tienne pour la leur.

— Je te dois la vie, Premier !

Je me suis interrogé sur ma destinée et sur ma route, sur laquelle j'ai cherché tant de nourriture, dont je faisais partie. Nourriture du savoir qui se cueillait comme un fruit à maturité.

Deux fois, j'ai failli y laisser ma peau, et deux fois, quelqu'un a été là. En plus, l'autre jour, je me traînais vers une butte dominante, mort de faim et de soif, quand un serpent s'est approché. La pluie s'est mise à tomber, et j'ai pu facilement assommer le reptile. C'était un cadeau de vie venu du ciel et de la Mère la Terre.

Mais là, alors que j'aurais dû servir de repas, paradoxalement, c'était le félin qui nous servirait de repas. C'est là que j'ai vu, à la fin de mon chemin, qu'il y avait toujours quelqu'un ou quelque chose pour moi. Une bonne étoile, une brillance de vie. Ça m'a donné de l'assurance.

Plus tard, dans le sombre d'une nuit, en admirant le firmament, j'ai demandé à Premier ce qu'était une brillance d'après lui. Il a parlé un peu, Premier.

— C'est une pierre de feu. Je le sais. Un soir, une brillance est tombée près de moi. Je l'ai vue, elle venait du ciel. Son fragment éteint est ici, attaché à ma taille…

J'étais tout ému.

— Tu parles d'une pierre?

J'ai approché délicatement ma main de sa hanche, j'ai mis mes doigts sous le précieux cristal noir d'étoile et je l'ai examiné. Premier ne disait rien. Ceux qui parlaient peu avaient le plus à enseigner, ils étaient comme un coffre au trésor fermé à clé.

Après un moment, j'ai voulu savoir :

— Elles sont loin, les brillances?

— Très loin.

— Très loin?

— Oui, très loin.

— Dans le très lointain?

— Oui très, très loin.

— Aussi loin que de l'autre côté du loin?

— Oh! Beaucoup plus loin que nulle part.

Pour reproduire une mesure, je me suis mis à courir jusqu'à un arbre et, de là, je lui ai crié :

— Plus loin que d'ici à la pierre d'étoile?

— Oui, beaucoup plus loin! a-t-il répondu d'une voix forte.

— Mais c'est plus loin, loin, loin, ai-je dit en revenant.

— Imagine si les brillances étaient des soleils. Elles seraient très loin, très loin, parce qu'elles le sont, dans le très loin.

Mon éclaireur a détaché le cristal noir de sa taille et l'a mis par terre.

— Tu es étoile et tu retourneras étoile.

J'ai placé ma main sur ma poitrine en guise de remerciement, puis je l'ai posée sur la sienne pour signifier respectueusement mon refus.

— Garde ta pierre, elle est à toi.

C'était drôle, en plus du bloc de sel, cadeau venant de là où le soleil se couchait, je me voyais écrasé sous une tonne de générosité et incapable d'avancer vers ma pierre de lumière.

— Moi, je cherche la pierre de lumière et tu m'as donné la conviction qu'elle existe. Pour l'instant, je ne peux pas l'appréhender, à l'instar du vent qui frôle ma peau et qui entre et sort de ma poitrine.

Le lendemain, en marchant, je contemplais le bleu du plein jour. Je savais que les étoiles étaient là… Je ne les voyais pas, mais elles étaient là !

Avant la fin du jour, Premier a froncé les sourcils. Son air sérieux m'a étonné. Je l'avais insulté en n'acceptant pas son cadeau. Il ne m'avait plus parlé de la journée. Il s'est assis. J'imaginais qu'il voulait se reposer. Il a déposé la pierre dans ma main et a refermé mes doigts dessus.

— S'il te plait, fais-moi cet honneur. Fais-la voyager.

Il a souri.

— Tu ne me dois pas la vie, j'ai la mienne. Ta vie, donne-la aux enfants des Esprits, aux nôtres sur notre terre.

Après deux lunes, je suis le bienvenu au camp : je me départis d'une bonne partie de mon bloc de sel, en reconnaissance envers mon ami Premier et les marchands qui m'ont sauvé la vie. Un présent extrêmement rare, une monnaie inestimable pour eux.

En compagnie de ces bons négociants et sans doute redoutables guerriers – ils m'avaient raconté avec fierté leurs glorieuses batailles –, je me suis retrouvé devant une bonne infusion aromatisée d'herbes précieuses venant de je ne savais où. La pluie tombait et le temps s'étirait sous les huttes ajourées au toit fait de larges feuilles. D'autres de cette nation de négociants, à la chevelure moutonneuse, étaient assis dans la hutte voisine, les uns derrière les autres, et se fouillaient minutieusement dans les dreadlocks à la recherche de poux, qu'ils croquaient ensuite. C'était une marque d'affection. De mon côté, je voyais qu'une des pouilleuses semblait particulièrement attirée par notre bonheur d'être en sécurité. Premier et moi racontions avec tant d'enthousiasme nos aventures abracadabrantes que nous en riions.

— Nous devions dormir dans les arbres et au risque de chuter en plein sommeil pendant que les prédateurs rodaient autour de nous. Pour nous protéger, nous entourions des branches épineuses autour des troncs. C'était souvent ardu, c'était énorme pour moi, une route interminable parsemée d'embuches. Toutefois, Premier me forçait à réfléchir lorsque je voulais m'arrêter : « *N'y va pas si tu n'as pas la force bien ancrée au fond de ton cœur pour accomplir quelque chose de plus grand que toi. Mais s'il te plaît, avance. Avance au moins à petits pas,*

cela sera le plus grand accomplissement de l'univers. »
Ces paroles m'élevaient l'esprit pour qu'il se projette toujours plus loin que l'horizon.

C'est seulement après un bout de temps que je me suis rendu compte que la Pouilleuse s'était accroupie près de moi, nous écoutant attentivement. Plus loin, sous d'autres abris, des enfants jouaient avec des billes d'argile séchée qu'ils avaient façonnées en les roulant entre leurs paumes. Ils s'activaient au milieu des mamans qui allaitaient leur bébé. Mon attention s'est détournée vers l'avant-toit d'une autre hutte, où se trouvaient de belles poteries pleines de denrées et peintes de motifs animaliers. Voyant cela, la Pouilleuse s'est levée et est allée en chercher une qui contenait des baies séchées. Elle me les a offertes en signe d'amitié.

— Sache accepter et prendre un cadeau, m'a-t-elle dit tendrement. Nous vous donnons un bout de vie en échange de la fraîcheur d'Esprit que vous nous procurez.

Mon regard s'est porté sur l'entretoit et le mur de piquets.

— D'où proviennent ces petites figurines ? Est-ce de l'argile aussi ?

— Elles sont nées de la terre, de l'eau, de l'air, du feu et de la main de l'artisan.

— Elles sont si rondelettes... Vont-elles enfanter ?

— Non ! a répliqué la Pouilleuse. La vie n'est pas dans cette terre cuite.

J'ai marmonné en examinant l'une d'elles de près.

— Comment faire entrer la vie dans cette figurine si bien faite ? Nous venons bien de la même origine ? Le mystère de la création est-il caché dans les entrailles maternelles ?

— C'est justement ça, s'est esclaffée la femme. Elle a repris son sérieux. Dans les rites, ces figurines servent aux grandes maîtresses pour initier les futurs époux à l'enfantement.

Je m'amusais à faire glisser la matière entre mes doigts. Je faisais des formes diverses avec cette boue et après les avoir cuites, je lançais, avec de jeunes guerriers, mes créations manquées le plus fort possible. Nous riions en les voyant se casser. J'ai pris celle qui était plate comme un disque, je l'ai serrée en épousant la pièce de mon pouce et de mon index, puis je l'ai lancée d'une nouvelle manière et de toutes mes forces. Personne n'avait pu propulser un projectile si loin.

— Tu fais voler l'argile comme l'oiseau ! m'ont dit mes compagnons de jeu. Ils se sont mis à fabriquer plusieurs disques pour la cuisson.

Impressionné par ma méthode de lancer, le chef des batailles m'a fait venir dans sa hutte.

Il m'a expliqué des choses que je m'efforçais de comprendre. Ça parlait vaguement de l'énorme pouvoir de décision que possédaient les chefs des batailles, de leur droit de tuer et de l'immunité dont ils jouissaient. Cette révélation sordide m'a choqué à cause des abus trop courants, des massacres. Ainsi, des peuples agressifs en expansion de territoire se lavaient-ils les mains du sang de leurs congénères et utilisaient souvent le mot « paix ». Par chance, ce peuple de marchands avait une meilleure vision des guerres. Je l'ai constaté quand le chef m'a raconté l'histoire de son peuple.

— Jadis, il y a énormément de printemps passés, nous vivions paisiblement sur une terre verdoyante. C'était le paradis. Un jour, des envahisseurs violents sont venus occuper notre territoire. Nous nous sommes exilés loin, sur les terres des humains bruns, ici même. Ils étaient très forts. Après une bataille sanglante, notre chef, vainqueur, a organisé le triste rituel pour les morts vaincus.

— C'est curieux! me suis-je exclamé. Un rituel à vos infortunés ennemis! Pourquoi?

— Ils n'ont jamais été nos ennemis. Ils étaient une force opposée depuis des dizaines de cycles de lune. Ces humains courageux seront dans nos souvenirs pour toujours. Les survivants véhiculent l'histoire de ce triste événement. Pas nous... Ceux qui ne voulaient pas se mélanger à nous sont partis plus loin.

Cette impression de déjà-vu me revenait encore. Le vent dans ma poitrine m'avait parlé. J'avais d'étranges soupçons bien avant d'arriver dans ce clan. Un jour, j'avais été reçu chez un peuple de bruns, forts et paisibles d'ailleurs, qui habitaient dans une vallée. Curieusement, je m'y étais senti chez moi. J'avais passé la nuit entre rêves éveillés et pensées inconscientes. Les membres du clan m'avaient parlé d'une bataille sanglante. Ces bouleversements avaient eu le temps de décanter dans ma tête quand j'ai eu la révélation. Ces humains primitifs bruns étaient mes ancêtres.

Je venais de comprendre le sens de la légende que mon père m'avait racontée. Ici, j'étais loin, pris dans ce temps et ce passé que je voyais devant et cet avenir derrière que je n'appréhendais pas. Si le futur était devant moi, ne serait-il pas censé être sous mes yeux ? J'avais hâte de voir ce que le temps d'avant me réservait.

J'étais sur la terre d'origine de mes ancêtres !

Le chef des batailles avait ordonné aux jeunes guerriers de s'entraîner à lancer des disques d'argile pour développer leur acuité et leur courage. Il leur cassait inlassablement les oreilles avec son commandement.

— Pour être une vraie femme et un vrai homme, il faut que les gonades soient bien reliées au cœur et à la tête.

En courant et en hurlant de rage, les hommes et les femmes lançaient les projectiles sur des peaux rembourrées de feuilles et pendues à des lianes.

Un matin, ils m'avaient invité à un entraînement. Ils disaient que le chef des batailles allait faire chanter la guerre. J'avais décliné l'offre. La paix n'allait pas à la rencontre des disputes. Elle se retirait, observait et réfléchissait. Elle attendait patiemment. Ce n'était pas mes batailles. J'avais pris un autre chemin… À l'écart…

Je me rappellerai toujours les paroles de la Petite Vieille échevelée, chef spirituelle de la tribu. C'était il y a déjà longtemps : « *Tu es des nôtres et des leurs.* »

Elle m'avait tant enseigné, bien qu'elle et son peuple aient adopté une façon de communiquer que je trouvais très frustrante, surtout au début de notre rencontre. Je m'étonnais souvent de réagir en parlant tout haut comme quand on est seul, sans que personne s'en préoccupe.

— Ils ne sont pas capables de parler, de s'exprimer d'abord avec le langage verbal ?

À force, je m'étais habitué, même que je trouvais ça amusant. Mais c'était long. Les dialogues verbaux ne pouvaient s'amorcer qu'après des nocturnes et des nocturnes. Oh, cette Petite Vieille, celle qui était toute frêle, la chef spirituelle de la tribu. J'étais accroupi en face d'elle sous son abri de feuilles larges. Elle était muette. Elle parlait avec son visage, son corps et ses mains, mais j'avais tout compris de son langage. Elle m'initiait. J'étais attentif, je regardais ses doigts pénétrer dans la poussière. Je voulais comprendre la signification de ce signe.

Elle m'avait dévisagé avec ses yeux exorbités et avait déclaré :

— Ma grand-mère disait que les anciens recevaient par la poitrine et redonnaient par le cœur… Comme nos frères les animaux le font.

Elle avait empoigné de nouveau cette poussière et l'avait appliquée sur son visage et dans ses cheveux.

— Je ne suis qu'une vieille tarie et stérile.

Elle était devenue triste, et moi honteux de ma jeunesse… J'avais fermé mes paupières, sa sagesse illuminait mes pensées, puis de nouveau, j'avais plongé dans ses yeux. Son regard vif avait tout deviné de moi.

— Ce qui est dans la tête, mon ami, n'a que peu d'importance. C'est par là que l'on respire, que les Esprits messagers entrent et frappent. Ils donnent une impression. Rappelle-toi : impression.

Nous avions pris cinq profondes inspirations. Un étourdissement m'était venu. Elle voyait que je ressentais des vibrations comme celles provoquées par les frappes rythmées sur les peaux tendues.

— Ils sont l'expression du premier choc de la création et aussi de nos joies et de nos souffrances. À chaque bouffée que tu inspires, les grands espaces entrent en toi et facilitent les voyages des Esprits messagers.

Toute frêle, elle avait poursuivi avec ces mots :

— J'ai bien peur que les peuples des mondes à venir perdent l'écoute ancienne.

— Vous parlez du souffle qui apporte les messages ?

— Le vent transporte les messages qui entrent par le respire. Et par ce respire, toutes les vies sont unies les unes aux autres, comme les gouttes d'eau suspendues dans le ciel qui tombent et gonflent la rivière. Elles descendent très loin, puis remontent comme de la fumée vers le ciel. Les messages passent dans nos vies. Nous sommes un canal comme les plantes, les oiseaux et les autres animaux, grands et très petits, et tout autant que la terre, la foudre, les étoiles et les rêves… Ce sont les enfants et les vieux qui écoutent le mieux les rêves. Oh oui, parce que la stupidité pénètre l'humain dans le milieu de sa vie. Il utilise trop sa tête pour le combat, ce cabochon. Écoute les messages du vent, et ton cœur répondra de la bonne manière… Et ta tête fera moins de sottises. Regarde, je vais te faire un signe.

Avec son doigt, elle traça un cercle dans la terre. Elle déploya cinq petites pierres symétriquement sur ce cercle, puis elle relia d'un trait chacune des pierres.

— Tu vois le pentagramme ?

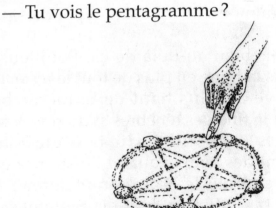

Elle montra les cinq branches qui composaient une étoile et croisa ses mains en disant des choses étranges :

— Tu es l'une de ces pierres et tu trouveras les autres sur ton chemin. Tu es un messager, mais tu n'as pas de message pour le moment. Un respire t'en apportera un, un jour. Va comme le vent.

C'est là qu'elle m'a offert le cristal rose.

Des mouches volaient autour de la tête de la Pouilleuse, se posant tantôt près de ses yeux, tantôt au coin de ses lèvres.

— Tu ne sembles pas bien. Il y a quelque chose qui te mine? Parle-moi de tes origines.

La Pouilleuse m'avait deviné. J'avais l'odieux du choix entre deux mondes que j'aimais. Difficile de renier ses origines, chose fondamentale pour un bon chemin de vie. Je pensais aux leçons des aînés en regardant la Lune.

— Tu ne viens certainement pas de la Lune? a-t-elle demandé de sa voix éraillée.

J'ai hésité un moment... Et si je répondais par l'affirmative?

— Oui! Mais bien au-delà de ça, Pouilleuse. Nous vénérons la Lune en plus de tout le reste. La Lune se trouve au plus haut de la hiérarchie divine, elle est la fille des ténèbres et du rêve lointain, lesquels se sont mariés. C'était au commencement des temps, quand l'histoire a été créée. Elle a enfanté le Soleil pour donner la lumière. Plus tard, quand le Soleil a atteint son point le plus flamboyant, ils se sont accouplés à leur tour. De leur union est née une petite fille qui est devenue la Terre... Notre Mère. Les étoiles sont de petites pierres de lumière, des résidus de la naissance de notre grand-père le Soleil.

— Mais tes origines?

Je me suis montré évasif.

— Nous professons le culte des lunaisons. La Terre a créé la vie dont les humains font partie. Les Esprits viennent des humains quand ils meurent. Les aînés disent que c'est le soir et la nuit que tout s'accomplit. Les songes prédisent tout, de la disette à l'opulence, des guerres aux temps paisibles. C'est durant la plus grande Lune que les rêves et les songes s'activent le plus. Comme elle a enfanté le Soleil, elle enfante les rêves. La Lune sombre apporte le néant, l'inactivité, le sommeil. C'est le cycle de réveil et de sommeil des ténèbres. Voilà, je viens des ténèbres et du rêve lointain.

En se grattant la tête des deux mains, elle m'a questionné :

— Mais c'est le Soleil qui donne la vie ?

— Vous ne me comprenez pas. Écoutez, les ténèbres sont, de loin, la chose la plus importante. La lumière du jour apporte les cueillettes, les migrations d'animaux, la pluie du ciel qui donne l'eau qui se déverse sur nous comme un torrent de vie. Mais quand la vie sort de l'humain, son esprit va se reposer dans ce néant pour revenir. Vous saviez, Pouilleuse, que nous sommes composés de trois corps ?

— Explique-moi !

— Le corps de terre – les poussières que je suis ; le corps de nuit – avec la mère des ténèbres, la Lune ; le corps de jour – avec le Soleil, le père des lumières.

— Et tes parents ?

L'émoi est monté, ma poitrine était oppressée.

— J'ai l'impression que je ne reverrai plus mes aimés. Je suis allé trop loin déjà !

J'ai regardé ailleurs en reniflant mes émotions.

— Vraiment, je suis un peu perdu dans tout ce monde. Je ne peux plus m'en retourner, car le temps de mon temps n'existe plus, il ne m'appartient plus... Je me sens si seul...

Je me suis détourné et j'ai fondu en larmes. Affectueusement enjouée, la Pouilleuse s'est approchée. Les mouches aussi.

— Tu es amoureux, mon ami !

— Elle me revient toujours en tête. Son regard vert émeraude était si puissant qu'elle est entrée dans ma poitrine comme le vent frais au lever du Soleil. Ça m'a marqué. Je suis stupide… Comment oublier cette chimère quand mon cœur va comme les vagues en tumulte que le vent lève sur le long lac ?

Après avoir passé mes poignets sur mes yeux, je lui ai montré un petit silex.

— Dans mon clan, avant que la vie ne sorte de son corps, le Vieux Grognard m'a dit d'aller trouver la pierre de lumière. La terre sous nos pieds est de la forme de ce silex bombé, qui montre une protubérance ronde sur chaque face et une pointe à une extrémité. Des mondes bien différents vivent de chaque côté. Ils ne peuvent pas se rejoindre à cause du tranchant infranchissable. La légende raconte que de grands voyageurs sont partis dans le but de passer dans l'autre monde, mais qu'ils ne sont jamais revenus. Il paraît qu'un jour, les deux grands maîtres des deux mondes se rencontreront pour s'unifier. Le Vieux Grognard m'a dit d'y aller, de l'autre côté de notre monde.

La Pouilleuse m'a répondu avec la même bienveillance.

— La route des longs lacs finira dans peu de lunes, et tu entreras dans un monde en trois dimensions fait de montagnes et de vallées. La végétation changera, et tu verras une grande différence par rapport à l'endroit d'où tu viens. Les peuples habitant ces montagnes sont fiers de leur royaume, et certains peuvent être très prompts. S'ils ne sentent pas que ton Esprit est à leur diapason, ils te rejetteront durement.

— J'ai l'habitude d'entendre cela. Souvent, c'est faux en ce qui me concerne. Un jour, quelqu'un m'avait mis en garde: «À trois nuits de marche, tu trouveras sur ton chemin des gens qui seront tous très dangereux, nous sommes en conflit, sauf pour certains de leurs grands *maîtres*. » J'ai toujours été reconnaissant pour les bons conseils, mais souvent, je traverse les zones de danger sans encombre. Et quand je me trouve au milieu de ces gens dangereux, on m'apostrophe comme si j'avais passé au ras de la mort. «*Ouf! Que tu es chanceux d'être en vie... À trois nuits de marche, tu viens de croiser un peuple très dangereux...*»

Gonflant ma poitrine bien pleine d'orgueil, j'ai remercié la Pouilleuse pour ses bons conseils. Elle m'a retourné un de ses sourires en coin.

— J'ai confiance! m'a-t-elle assuré humblement. Tu connais bien la parole d'origine, l'idiome d'Az, le père des langages de ce monde. Tu te débrouilleras...

ERA SECUNDA

IV

La jeune Jasy

QUELQUE PART, BIEN AUTREFOIS, EN ABYSSINIE
- 15 642 ANS

Ça ressemble à des phallus !
Mais que sont ces phallus ?
Vraiment, ce sont des phallus !
Phallus ! Phallus ? Pourquoi ces phallus ?
Mais il y a des dizaines de phallus !
Pratiquent-ils un culte phallique ?

Oui, je sais... Mais j'exagère à peine... J'étais dans une époque bien après celle de la Pouilleuse. Des millénaires après, un temps où les gens taillaient de grandes pierres pour en faire des signes et des formes empruntés de la nature.

Tous ces pénis bien érigés étaient banals pour eux. Ils étaient à l'opposé des principes d'une civilisation que je rencontrerais bien plus tard et pour qui la force sexuelle allait être le pire des péchés. Des sermons répressifs qui feraient dévier l'énergie vitale seraient des armes si puissantes que, lancées à bout de bras, elles exploseraient en perversion. Bien plus tard dans le futur, j'allais vivre cette époque où les femmes allaient gorger des doubles outres à bretelles avec leurs seins. Incroyable, n'est-ce pas?

Encore une fois, tout changeait. Il fallait que j'oublie ma façon de vivre lorsque j'arrivais sur un nouveau territoire. Je devais accepter des symboles et des cultures inconnus. Le moindre signe mal interprété pouvait m'être catastrophique. Dieu sait que j'en ai fait des erreurs de comportement!

Toujours est-il que j'ai rencontré une jeune fille formidable du nom de Jasy. À peine pubère, elle était grande et mince, avec un faciès d'une finesse divine. Elle m'avait averti:

— Mon roi et mon peuple sont intolérants envers les étrangers. Faites attention. Je vous recommande la prudence. Vous vous adresserez à moi, et moi, je m'adresserai à mon peuple. Vous entendez?

Nous étions à deux lunes de marche des colonnes impressionnantes et elle m'avait expliqué avant d'arriver au village:

— Ces obélisques sont le symbole du plaisir, de la vie, de la puissance et de la procréation. Ils apportent la fertilité et la bonne récolte. Ce site est le sanctuaire dans lequel l'enfant devient adulte. Et vous, monsieur Sourire, vous êtes devenu homme un jour?

J'avais écarquillé les yeux alors que je regardais une montagne. Le soleil jetait du rouge sur les falaises.

— Oui, bien sûr, comme dans toutes les cultures que j'ai visitées!

— Eh bien, je serai une femme bientôt.

En échange du respect que m'offrait cette jeune fille, je devais naturellement respecter son peuple. Respecter voulait dire se tenir à distance, ne pas dépasser la limite qui nuirait à l'amitié. Oh, ce n'était pas à cause de leur style de vie bizarre, car tous les styles de vie sont bizarres, non? Même le mien... Enfin, pas pour moi... Ces gens imberbes préféraient ne pas répondre et rejeter l'autre avec de l'indifférence plutôt que d'avancer franchement sur des sujets qu'ils qualifiaient d'embarrassants. En arrivant, j'ai aimé ces gens. Ils étaient doux. Puis ç'a changé. J'ai eu du mal à vivre avec des visages béats à essayer de deviner les sous-entendus. Ça faisait faux. C'étaient des fanatiques aux idéaux incompréhensibles et, surtout, avec une fixation bizarre.

C'était plus fort que moi, je provoquais. C'était viscéral. Rapidement, je me suis senti rejeté comme un minable quand j'ai montré le fond de ma pensée. Un jour, nous discutions de la gouvernance en prenant le khafa quand, tout bonnement, je leur ai lancé en pointant du doigt leur roi:

— C'est un tyran qui vous gouverne! Vous ne voyez rien?

L'atmosphère et les regards se sont resserrés sur moi. Dans cette nation, utiliser ce geste en référant au roi-dieu était inapproprié. Jasy m'a carrément engueulé, et les disputes ont commencé.

— Vos idées devaient passer par moi pour que je puisse les transmettre correctement à mon peuple, m'a-t-elle reproché, en colère. Tant que l'Esprit est en dehors de vous, vous n'aurez jamais le respect de vous-même. L'Esprit n'est pas ailleurs.

— Il n'a pas d'Esprit. Il n'a pas d'Esprit, criait tout le monde en réaction à mon comportement.

J'étais dans le pétrin. Jasy hennissait. Elle se débattait tout de même pour défendre mon attitude cynique, qu'elle mettait sur le compte d'une soi-disant naïveté. Je les avais mordus, et le poison faisait son effet.

— Nous n'aimons pas les étrangers, vous n'êtes pas le bienvenu sur notre terre. Nous vous maudissons.

J'ai mendié leur pardon. Dans ce monde dur, le pardon n'était qu'un prétexte pour les autres pour nous avaler, il était considéré comme une faiblesse qui nous enfonçait dans les méandres de l'esclavagisme. J'ai baissé les yeux. Ç'a été pire. Ils étaient prêts à me sauter dessus. D'instinct, je me suis dressé.

— Écoutez, écoutez ! J'ai reçu en héritage un message de paix.

J'ai sorti de mon sac le cristal bleu, que je tenais bien serré entre mes doigts. L'ambiance s'est inversée d'un coup. Le silence s'est fait lourd. Tous fixaient la pièce. Selon l'orientation de ses rayons, filtrés par les feuillages exubérants, elle projetait des éclats bleu saphir, violets et rouge bourgogne. Les visages se sont illuminés. J'ai poussé un bref soupir. J'avais gagné la liberté grâce au cristal de ma mère.

Oups ! L'un des membres du clan s'est emparé de la pierre, et tous se sont éclipsés.

— Un viol, ai-je pensé tout haut.

Quelque chose s'est arraché de moi.

— Mes origines ! me suis-je exclamé.

Dépossédé, je maudissais mon chemin de vie ainsi que ce damné orgueil, ou regret, ou je ne savais quoi qui me rongeait. Comment reculer le temps ? Et si j'avais pu… Aurais-je pu adopter un meilleur comportement devant ces braves gens ? J'avais commis une grave erreur en blasphémant leur roi-dieu. Il y avait des paroles qui ne se disaient pas et des gestes qui ne se faisaient pas chez certains peuples.

Même si elle était furieuse de mon attitude, Jasy a fait des recherches pour trouver le précieux cristal, mais déjà, d'une main à l'autre, il avait disparu. Serais-je encore en vie sans elle et sans cette pierre ? Je pensais au destin que je devais suivre. Et si je n'étais pas venu par ici ? J'aurais regretté, car je voulais voir ce pays dont on me parlait tant, et que maintenant je maudissais. D'un coup de tête, j'ai décidé de continuer ma route vers l'étoile stable.

— Vous restez ici, monsieur Sourire. La fatigue vous empêche de raisonner ! Restez quelques jours pour vous guérir de votre traumatisme. Après, vous partirez.

Jasy était très peinée de la perte de mon cristal. Je l'ai priée d'oublier ça. Moi aussi, je voulais la paix et je l'ai implorée de pardonner mon comportement belliqueux.

Une dizaine de lunes avaient passé et j'étais encore là, avec ce peuple. Jasy faisait tout pour que la blessure de ma perte disparaisse. La violence s'était peu à peu envolée et l'espoir que l'Esprit vienne de nouveau en moi avait apparu.

— Votre mère vous a sauvé du châtiment. Votre Esprit n'était pas en vous, il était dans la pierre. L'Esprit n'a pas sa place dans une pierre. Quand on convoite trop une chose, l'Esprit sort de nous et entre dans cette chose. Et nous en devenons l'esclave inerte, répétait Jasy. Vous connaissez trop de choses et ce ne sont pas tous les peuples qui sont prêts à les entendre. Ils ne connaissent pas ces réalités bouleversantes. Ces gens vous respectaient assez pour ne pas bousculer vos valeurs.

Jasy m'a enseigné à faire rentrer mon Esprit en moi.

— Si je n'avais pas eu cette pierre, le destin aurait-il fait les choses autrement?

— Votre destin était d'avoir cette pierre. Il n'y a pas deux destins, il n'y a pas de « si »…

Mon amie m'a informé qu'une femme corpulente voulait me rencontrer, plus tard, quand l'Esprit reviendrait en moi. Alors, j'ai pris le temps de me remettre les pieds bien à terre. Tranquillement, je me suis immergé dans ce peuple et j'ai aimé de nouveau. Mes préjugés se sont dissipés comme une goutte d'eau au soleil. Comme avec l'amour, si le plus beau cristal vous trouble parce que vous l'avez perdu, vaut mieux le laisser partir de votre cœur. Jasy m'a beaucoup appris. Je l'aimais, cette grande femme. Elle était une maîtresse. L'Esprit est revenu, et je me suis ouvert aux autres et eux à moi.

« *Le règne de l'Esprit cessera quand l'opulence aura gagné le monde. Dès lors, nous nous battrons et les enterrerons avec leurs fardeaux. Seuls les légendes et les chansons, les enseignements et l'amour resteront en héritage.* »

Je me suis attaché à Jasy. Elle me montrait si gentiment les coutumes et la science de son peuple. Mais aussi son inquiétude à devenir femme.

— Venez avec moi dans la forêt, m'a-t-elle dit. Nous prélèverons des pierres rubicondes et de l'ocre rouge, de la craie blanche, des champignons durs et aussi des écorces et des racines séchées.

Elle a ajouté avec une grande émotion qu'elle me ferait voir les profondes écorchures sur l'arbre carbonisé.

L'obscurité laissait la place au petit matin, qui enflammait un ciel de velours, quand nous avons pris la route.

— Nous allons loin comme ça ? lui ai-je demandé.

— Nous allons arriver là ! m'a-t-elle dit en montrant la position qu'aurait le Soleil à notre arrivée.

Nous nous trouvions loin dans la montagne, cueillant ce dont nous avions besoin et échangeant sur les valeurs de la vie. La senteur fraîche de la rosée ajoutait à la majesté des montagnes et des vallées où coulait une rivière sinueuse sertie dans un écrin lumineux de douceurs verdoyantes. Les oiseaux ne gazouillaient plus aux sons stridents des criquets et les papillons virevoltaient autour de nous.

Mutation…

— Je vais changer comme ces papillons, m'a confié Jasy avec émotion. La cérémonie qui va me métamorphoser en femme me fait peur. On va me marier.

Je sentais sa détresse et je ne savais que dire de ces choses intimes de femmes… Perdu, je cherchais quelques repères comme dans une nuit sans lune, mais je ne trouvais rien de bien intelligent à répondre.

— Ça ira bien. Fais confiance.

— Accepteriez-vous d'être mon soutien ? a-t-elle chuchoté.

Je lui ai fait un sourire en lui tendant la main. Je ne comprenais pas... J'étais un homme, aux antipodes de ses préoccupations de femme.

Nous sommes arrivés au pied d'un immense rocher. Jasy m'a montré des pétroglyphes, des sortes de gravures, là où la mémoire des anciens était cachée.

— Vous connaissez la loi des évalues des Esprits, monsieur Sourire ?

J'étais vraiment curieux de savoir. Avec ses bras, ses mains et ses doigts, elle a fait des gestes gracieux de grandeur et de petitesse. Même l'expression de son visage en disait long.

— Vous voyez ? En cueillant ces racines et ces champignons, on arrive à un résultat de plusieurs avec rien par quelque chose et demi.

— Comment ?

Ces abstractions me cassaient la tête.

— Par exemple, avant d'arriver dans cette forêt, je n'avais rien, sauf de l'Esprit. Là, j'ai une bonne cueillette, dont je vais partager plus de la moitié avec ma communauté. Cela va donner un résultat de plusieurs grâce à la bonne providence du grand Esprit. De plus, la valeur augmente par plusieurs si mon peuple a un meilleur Esprit que d'habitude. Cette fortune diminuera d'autant si mes gens ont moins d'Esprit.

La jeune fille a pointé d'autres signes.

— Ce pétroglyphe signifie que lorsque tu n'as rien et que tu souhaites ardemment deux choses, tu les obtiendras grâce au travail et à la persévérance. Cela vaudra plus que celle de qui la possède déjà de celui qui la possède déjà. La santé du corps et de l'esprit aussi est concernée dans ce message.

— Et si l'un perdait sa vie dans la mort malgré sa lutte ?

Jasy a esquivé. Elle a passé ses doigts sur d'autres pétroglyphes et s'est mise à réciter une légende.

— Il y avait un homme aisé qui ne pouvait montrer son bon Esprit en reconnaissant la chance de sa bonne fortune. Alors, tout le village prit possession de ses biens, car ils n'apportaient pas l'Esprit du bonheur à la communauté. Devenu minable, l'homme se reconstitua un nouvel Esprit de la félicité, qu'il propagea à tout jamais.

Les messages des Esprits gravés dans la pierre nous enseignent notre manière de penser. Jasy ajouta :

— Ta pierre de cristal bleu était un fruit mûr qui est tombé, qui n'appartenait plus à l'arbre. Mon peuple l'a simplement cueilli. Toi aussi, tu cherches des pierres mûres qui n'appartiennent plus aux autres. Il y en a plein autour de toi.

Elle s'est détournée et m'a montré le fameux arbre carbonisé. Elle m'a raconté. Je n'en croyais pas mes oreilles. J'ai partagé l'histoire de Jasy et de cet arbre à un groupe de maîtres que j'ai rencontré. À ce moment-là, nous discutions du temps. Mais j'y reviendrai.

Le lendemain, sur le site des monolithes, nous avons broyé séparément le produit des cueillettes. Les creusets de pierre débordaient de pâtes colorées et de mixtures.

En attendant ma rencontre avec la femme, j'étais assis en tailleur, en retrait des autres qui s'affairaient. Je taillais des galets. En face de moi se trouvait la dizaine de huttes éparses bien posées sur la terre ocre. Il y en avait une qui était bien différente, bien plus grande. C'était celle de la corpulente. Sa hutte présentait des motifs excentriques aux couleurs joviales. J'examinais de temps à autre ces humains ingénieux qui vaquaient à leurs tâches quotidiennes. J'avais été témoin d'avancements qui ont révolutionné le monde, comme les fines lances et les poteries, mais là, c'était génial! En plus de prélever la nourriture de la nature, le clan la produisait sur place en piochant la terre. Aussi, des oiseaux, des petits félins et d'autres animaux venaient manger des restes de grains et d'ossements, et on n'avait qu'à les attraper.

Cet après-midi-là, on m'avait déjà convoqué. Au moment indiqué par la femme, je suis passé à quatre pattes par la petite entrée de la grande hutte. La poussière flottait dans le rayon de soleil qui traversait de part en part la pénombre. Mes yeux se sont habitués au noir et j'ai vu le voluptueux postérieur de la femme corpulente bien assis par terre.

— Trop de monde… Il y a trop de monde ici, dis-je.

J'ai demandé à faire sortir quelques indiscrets.

— Tous dehors! a beuglé la corpulente.

— Je me demande pourquoi vous m'avez convoqué, Matriarche.

— L'Esprit joyeux!

— Quoi?

— Vous nous apportez l'Esprit joyeux.

Elle a désigné ses mains ouvertes comme des éventails.

— Il y a déjà tous mes doigts de lunes que tu es ici, et j'ai une bonne prétendante pour toi, monsieur Sourire. Nous sommes trop consanguins et tu nous apportes l'Esprit nouveau, la fraîcheur, le sang neuf. Si tu acquiesces à ma proposition, après la cérémonie des jeunes femmes, tu pourras faire partie du quatrième groupe à marier et en ressortir avec la plus jolie et aimable de notre royaume… Vous nous donnerez de si beaux enfants.

— Oh! Ah!

Assurément, elle pensait à Jasy.

Bouche bée, je ne pouvais pas dire non. Mon visage reflétait un silence bouleversant. Mon cœur s'enfuyait vers un autre monde. Même si j'aimais Jasy, je n'étais pas amoureux d'elle. Un seul instant de romance ne valait pas la peine de laisser une empreinte indélébile dans son cœur. Et dans le mien, car une dulcinée imaginaire l'occupait.

La Matriarche a souri.

— Ne te préoccupe pas, mon ami Sourire, je vais diriger les prétendantes autrement. Un jour, tu retrouveras ton amour.

Au solstice d'été, les dix obélisques s'alignaient dans le chemin de l'astre du jour. Des dizaines d'autres tout autour pointaient les étoiles qui seraient significatives au moment de la cérémonie nocturne.

Le matin du rituel, j'étais avec les membres du clan pour les assister. L'Esprit n'était pas à son plus sérieux, on y allait même avec de légères grivoiseries. L'un s'est soulagé d'un gaz pestilentiel. Tous ont éclaté d'un rire débridé et se sont mis à imiter ce bruit incongru. C'était à croire que même les Esprits se marraient devant ces sons et cette puanteur.

Nous préparions joyeusement la place en appliquant sur les colonnes phalliques des motifs se rapportant à l'événement.

Alors que l'astre du jour dominait, les jeunes filles se sont rasé le crâne et peint le corps en entier, puis elles ont revêtu des tissus de fibre rehaussés d'ivoire. Tout le clan avait beaucoup de plaisir et Jasy affichait un sourire permanent. De mon côté, le vent changeait, j'inspirais un air d'inquiétude.

Garçons et filles portaient de jolis pagnes en cuir, non pas à cause d'un tabou, mais pour protéger ce qu'ils avaient de plus précieux : le courage et la procréation. C'était un endroit sacré, un sanctuaire humain, représenté par les testicules et les ovaires. On y imposait les mains pour porter serment et jurer de la vérité originelle.

Durant ces grandes rencontres, les chefs et les notables arboraient fièrement des couvre-chefs de têtes d'animal et des mantes de peaux des plus douces. Ils rayonnaient avec leurs beaux plastrons de griffes, de dents, d'ivoire et de pierres rares rehaussés d'un assortiment de plumes exceptionnelles.

Le Soleil se trouvait au-dessus du dernier monolithe. On éparpillait des herbes vertes et des fleurs au sol. Les femmes rôtissaient habilement les fèves de khafa et les moulaient sous une pierre dans un granite concave. Après l'avoir fait bouillir, elles ont versé cet élixir sacré couleur corbeau dans de petits bols, qu'elles ont distribués. Nous avons chanté. La magie des mégalithes, des danses et des incantations transcendait les émotions tirées de la nature.

La cérémonie a commencé.

L'Esprit est devenu affligé. C'était la cérémonie où les jeunes filles devenaient femmes. Pourtant, j'aurais dû exploser de joie à la conclusion de l'événement, car Jasy, mon amie devenait une femme. Pour cela, on utilisait des lames bien affutées pour séparer du corps des chairs considérées impropres. On appelle ça l'excision. Cependant, des lames souillées entraînent parfois des dommages jusqu'à la fatalité.

Bien après cette cérémonie et à des distances de cette nation de tailleurs de pierres, j'étais au milieu de nulle part, je marchais vers mon point de fuite, vers un royaume d'une richesse colossale d'or, de pierres précieuses et de science, mais je marchais avec dans la poitrine une lourde pierre de tristesse. La peine était un lourd pavé brut qu'on devait dégrossir à coup de sueur pour en éliminer l'aigreur. Il valait mieux aimer en paix une vulgaire pierre taillée dans le rêve qu'aimer bouleverser le plus trouble des cristaux. Un jour, je me suis accroupi pour la dégrossir, cette pierre. Je l'ai fracassée avec une autre pierre, celle de l'amour, pour en façonner une de rêves nouveaux.

Quand la Pouilleuse m'avait parlé de jeunes filles qu'on excisait avec un fin silex, j'avais ressenti une peine et une violence que j'avais retenues avec difficulté. Je n'avais rien pu dire, encore là par respect. J'ai remarqué que le plaisir assassiné des femmes contribuait à créer des sociétés inclusives d'hommes qui se complaisaient trop dans la luxure. Ce n'était pas juste. Je devais pulvériser mon sentiment de révolte pour en dégager l'amour et au moins faire une œuvre de ma vie. Je devais me protéger pour ne pas tomber dans la révolte malsaine, car une lame, ça se retourne et ça empoisonne.

J'ai aussi assisté à des cérémonies de circoncision, qu'on allait nommer plus tard *amakweta*, qui avaient pour but de faire des garçons de jeunes hommes. Comme pour Jasy, le poison funeste était entré dans les entrailles de certains d'entre eux. J'ai creusé la dernière demeure de Jasy pendant que des femmes soulageaient les pleurs hystériques des autres.

Pourquoi nous automutilons-nous ainsi ?

Je suis resté avec Jasy jusqu'à la fin de sa vie. Je l'ai soignée du mieux que j'ai pu. J'oubliais, l'espace d'un instant, les raisons de ma quête afin d'offrir le meilleur de mon Esprit. Elle était mon amie, Jasy. Je l'aimais, Jasy.

V

Le Jeune Pharaon

NULLE PART, TRÈS ANTÉRIEUREMENT, EN ÉGYPTE
- 4 325 ANS

Je revoyais dans ma tête le visage de ma mère, ultime image dessinée soigneusement avec le doigté de la tendresse. Cela me rappelait l'amour, les peuples rencontrés, mon éloignement, la nostalgie de ma terre natale. Toutes ces choses nouvelles depuis ma nouvelle vie. Et puis cette prise de conscience : je traversais les époques.

J'étais bien placé sur la bosse mouvante du dromadaire que de braves chameliers m'avaient si gentiment prêté. Je voguais comme dans les pirogues du plus grand océan que je traverserais dans une vie à venir. Je te raconterai. J'aimais la mer, j'aimais les déserts, ils présentaient des similarités à certains égards. Nous pouvions y mourir de soif mais jamais de solitude, seul avec soi-même – et ses souvenirs. J'imaginais mes bien-aimés avec moi. Je les voyais tous, je leur parlais. Nous regardions cet espace infini, grandiose. C'était doux.

Je ne faisais pas qu'observer cette force, je me mariais avec elle. Mais ce malaise… Je ne pouvais le retenir. Les muscles de mon visage se sont tendus et ma gorge s'est bloquée. Voilà, je pleurais et j'avais l'air fou. Mais Dieu que c'était beau, cette immensité aride qui se mêlait à mon ciel intérieur ! J'ai essuyé bêtement mes yeux émerveillés par cette magnificence désertique qui s'étalait devant moi. Cet émerveillement, j'aurais aimé le partager avec ma famille. Elle me manquait tellement, j'aurais aimé la voir comme au temps de ma jeunesse, lorsque je jetais un bref regard sur elle en faisant des billes de boue séchée.

Le non-retour s'est déclenché dès le premier pas de mon grand voyage. Je me suis résigné, je ne retournerais plus sur ma terre. Le temps rendait les choses si étranges quand on les abandonnait. Mais les choses étranges ne se transformaient-elles pas en exotisme enivrant ?

Je me noyais dans cette mer statique de sable platine. Mon visage foncé se burinait, fouetté sans cesse par les grains charriés par le vent sec. Mon châle entortillé autour de ma tête laissait voir mes yeux ridés, aussi profonds que mon vécu.

J'étais en symbiose avec le grand animal à bosse, nous suivions la longue caravane. Comme dans un mirage, une seule voie m'apparaissait. Celle du devant, vers l'avenir. Quand même, j'ai jeté un coup d'œil en arrière. La queue du convoi traînait sur la piste, se perdait entre les collines sèches. Je me trouvais entre un passé qui ne reviendrait plus et cet avenir vers lequel j'avançais. J'étais dans ce présent protecteur comme le vent qui gonflait mes poumons de messages rassurants.

Bien sûr, le désert faisait peur. Ce vaste vide était terrifiant. Ce n'était pas de lui qu'on avait peur, c'était plutôt de se regarder en plein visage, de se retrouver face au terrible vide, face au néant, face à la vie et face à la mort aussi. Voilà la plus effrayante des choses. Pourtant, une fois l'étape initiatique passée, le désert se faisait bienfaiteur, protecteur. Il nous rendait tout-puissants face à nos inhibitions. Et la peur s'effritait. Le désert devenait tout doux. Le désert est toujours propice aux prémonitions et à l'échange des songes apportés des quatre vents.

Avant que les caravaniers ne me prennent au passage, j'aurais pu faire les pires atrocités dans cet océan de solitude. Et puis après? Ici, Dieu se foutait du mal. Complice du diable, il me condamnait à avancer. Ce sont les chameliers qui m'ont présenté la première fois le Dieu unique, et je gonflais ma poitrine, et je criais au vent. Ils m'ont aussi signalé que je rencontrerai d'innombrables dieux là ou je me dirigeais.

— Si je m'arrête, je meurs ici. Si j'avance, je mourrai plus loin. Et puis après?

Je me suis rappelé les mots du chef des batailles: « *Ils n'avaient jamais été nos ennemis, ils étaient une force opposée.* » Dans la nature, le bien et le mal n'existent pas. Il y a l'évolution, qui produit de l'énergie. Au niveau de l'humain, l'énergie est le résultat du déséquilibre entre des forces opposées. L'équilibre est la paix, et la paix est la neutralité des forces.

Le temps s'étirait inexorablement. Rien pour distraire mon esprit, que du ciel et du sable. Le dehors se transformait et devenait accessoire.

La beauté était en dedans, la lumière, espaces infinis d'abondante nourriture spirituelle. Si je rentrais encore plus profondément dans ce vortex, j'allais devenir le fou des mondes réels. Mais tout était réel, puisque tout existait quelque part, puisque tout était pensée. Je croyais en tout; ce que je créais avec mon imagination, c'était ma vérité, ma lumière. Cette lumière magnifique m'attirait tellement, elle était si merveilleuse en dedans. J'étais le maître des univers. Le soleil brûlait. Il brûlait ma pensée.

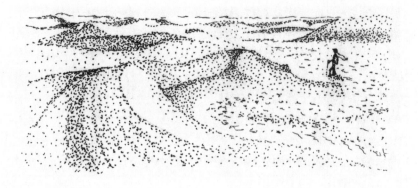

Un jour où j'étais enveloppé dans un éblouissement surréaliste, des hommes de l'empire de la Terre sont venus à ma rencontre. Leurs vêtements ocre se fondaient dans la couleur du désert. J'ai levé la main.

— Je m'appelle Sourire de Lune.

— Les noms que l'on porte n'ont guère d'importance, m'ont-ils averti. Nous sommes les contrôleurs de la Terre et votre folie dérange l'évolution du monde. Vous vous faites trop de disciples.

— Mais je ne fais que marcher et chercher!

— Nous avons d'autres plans pour vous.

— Ah oui? ai-je demandé sereinement.

— L'évolution du monde, c'est nous qui nous en chargeons.

Un cimeterre a glissé hors de son fourreau et... VLAN! Ma tête décapitée est tombée sur le sable. Elle vivait encore. J'étais conscient. Je voyais mon corps gisant par terre expulsant violemment le sang rouge. Ces gens ivres de pouvoir me regardaient de haut et leurs rires se sont éteints pendant que mes yeux se remplissaient de lumière.

Je suis revenu de ce mirage lumineux sur le rebord du vortex. Mes yeux étaient toujours fixés sur le sol saupoudré de petites pierres. Les ossements humains éparpillés çà et là pouvaient être les miens. Mais j'avais fait un choix, celui de rester dans ce monde dans l'espoir de trouver la pierre de lumière. L'avais-je manquée en faisant un seul choix de chemin comme si je ne pouvais pas m'engouffrer à la fois dans le multivers des cinq états, dans l'inconscience, dans la subconscience, dans la conscience, dans la surconscience et, finalement, dans l'omniscience?

Ce n'était pas ma quête.

Personne ne m'entendait dans ce vide.

Plus que trois lunes avant le grand fleuve, l'aboutissement d'un chapitre de ma quête.

— Au marché, nous vendrons marchandises et chameaux. Stoppons la caravane. Installons-nous sous le vent de la dune, a ordonné le chef de file.

Au crépuscule, le froid a glissé sournoisement sur le sol encore chaud. Nous finissions d'empiler les objets d'ivoires et les ballots de peaux de panthère par-dessus les pierres et les métaux précieux. Il ne restait que les denrées à entasser. Nous étions bien barricadés au milieu des chauds dromadaires qui se désaxaient la mandibule en ruminant, un peu comme mon lointain ami Premier. Les marchands voyageurs, qui bayaient aux milliards d'étoiles, étaient emmitouflés d'une épaisse étoffe, et nous nous régalions de dattes fraîches et de lait de chamelles chaud.

Tranquillement, nous nous assoupissions. Plus loin, d'autres égratignaient l'ambiance avec des ronflements qui ressemblaient aux blatèrements des dromadaires.

— Des étincelles à l'horizon, a annoncé l'une des vigies sur la dune.

L'atmosphère s'est figée.

— Ce ne sont pas des pirates, a-t-elle assuré. Ils viennent simplement se joindre à notre camp.

Le lendemain, dans la froidure du matin, face aux chauds rayons du levant, j'ai siroté paresseusement une infusion de lait au miel accompagnée de dattes fraîches et de pain.

— Le plus merveilleux des bonjours à toi, Sourire !

— Que la lumière illumine ta journée, caravanier !

— As-tu bien dormi, Sourire ?

— Oui ! J'ai fait un songe étrange, ai-je marmonné en bâillant et en m'étirant. Je volais comme l'aigle dans le désert en poursuivant assidûment cinq étoiles. Quel que soit l'effort que je mettais pour m'en approcher, elles restaient petites.

Mes doigts de constrictor serraient mon bol chaud. Pour un instant, j'ai fixé l'infini.

— Ce n'est pas un songe que tu as fait, ce sont les cinq caravaniers d'hier soir.

— Assurément, ai-je dit en baissant la tête.

Mais ces lueurs ? Voulaient-elles m'échapper ou me guider vers mon but ? L'étincelle n'était-elle pas le mystère sur lequel je devais me concentrer ? Étais-je en train de rater ma destinée avec ces cristaux ?

J'ai fouillé dans mon sac. Le cristal bleu de ma mère ne s'y trouvait plus, mais le cristal d'étoile noir de Premier et le rose de la Petite Vieille étaient encore là.

On m'avait aussi parlé de l'argile, de l'eau, de l'air et du feu, éléments nécessaires pour créer le vase, mais il manquait le créateur, et un créateur ne pouvait pas créer un vase s'il lui manquait l'un de ces éléments. Ces connotations au sujet du chiffre cinq commençaient à me chicoter. Chacun des cristaux était porteur d'une leçon. La quatrième leçon... Je devais trouver !

Au dernier caravansérail, j'ai embarqué sur une felouque et je me suis laissé flotter au gré du grand fleuve d'une cataracte à l'autre. L'eau brune charriait le riche limon venu des montagnes du futur royaume de D'mt, nourrissant les riverains de plus en plus nombreux.

Même dans cette douceur, mon cœur était bouleversé. Rien ne s'accordait avec mon intérieur. Les gens changeaient au fur et à mesure de mon voyage et de plus en plus vite. Ce n'était pas ces œuvres magnifiques, ces architectures colossales, ces sculptures presque vivantes, ces fins reliefs polychromes rehaussés de dorures qui m'ébranlaient. En fait, oui... Non! C'était plutôt le changement qui s'opérait en moi. Ça me faisait peur. Comme la métamorphose de mon ancienne amie Jasy, ce jeune papillon prêt à défaire son cocon pour le temps de quelques battements d'ailes.

J'ai vu un zèbre sans rayures au pelage gris qui halait à l'égal de dix personnes un brancard chargé de marchandises. Les roues de bois tournaient et tournaient et je me suis tourné vers mon passé avec mon ami Dogo. Je voyais la pierre qui roulait au bas de la côte, évitant les vieux sérieux de justesse. J'ai pouffé de rire et l'homme de la charrette s'est mis à gueuler.

— Maudit étranger, vous riez de moi?

Je retenais difficilement l'air qui sifflotait de mes sinus. Il était si drôle, cet homme. J'étais plongé dans une pensée plus qu'hilarante. Puis je n'ai plus ri. Au contraire, mon cœur est devenu nostalgique à la pensée de Dogo. On laissait rouler le bon temps.

La brise soufflait sur les triangles de coton des cygnes magnifiques qui voguaient en tirant des bords. Il y avait toujours ces chariots, et surtout ces gens qui taillaient la pierre d'où éclosaient des formes impressionnantes. Tous étaient affairés soit à déplacer des blocs de pierre sur des rondins, soit à construire, à négocier ou à cultiver. Les gens entraient et sortaient entre les piliers des temples colossaux pour implorer autant de pierres zoomorphes qu'il y avait de dieux. Je m'attardais à effleurer les messages enfermés dans les gravures et les hiéroglyphes. Plus je connaissais, plus mon ignorance m'inquiétait.

Dans la cohue, je humais les odeurs d'épices qui se mêlaient à celles des encens venus d'Orient. Soudain, les gens se sont rués vers des danseurs et des musiciens. Abasourdi et encore plus curieux, je me suis faufilé jusqu'à la ligne des gardes. Au loin, dans l'allée, des dizaines de cavaliers bien plantés sur leurs montures ont avancé, suivis d'un cortège de chevaux attelés à d'impressionnants chars. Des centaines et des centaines d'hommes vêtus uniformément marchaient au pas. Certains d'entre eux tenaient des perches surmontées de bannières aux couleurs semblables. Quel faste! Oh! Voilà des lions! Ils marchaient aux côtés de gardiennes qui les tenaient bien en laisse.

Puis s'est approché en grande pompe un chariot aux couleurs vibrantes qui transportait une barque enrichie de dorures ou dominait un somptueux voile de soie transparente brodée de fils d'or qui brillaient sous le soleil. Ce voile révélait une silhouette à l'allure fière couverte d'un plastron et d'un couvre-chef orné d'ivoire, de lapis et d'or.

À son passage, la foule a baissé les yeux et la tête, mais moi, j'étais vraiment excité. Je regardais partout. J'ai salué la silhouette de mes mains, sachant qu'il s'agissait d'un grand gouvernant.

— Gardes! a sommé le roi avec un signe.

Encore une erreur de comportement. Par chance, je ne répétais jamais une erreur.

— Qui es-tu pour me saluer de manière saugrenue, toi, ici-bas?

Ça allait vite dans mon esprit. J'ai décidé de tenir tête à ce jeune monarque.

— Et vous, qui êtes-vous pour ne pas me saluer, vous là-haut?

— Gardes! Remettez-le entre les mains du vizir de justice.

Pris sous les bras, j'ai disparu dans la foule.

★★★★★

— Qui es-tu? D'où viens-tu? m'a-t-on demandé d'une voix dont l'écho a retenti d'un mur à l'autre.

— Je suis Sourire de Lune, du clan des Zikas. Je viens de l'opposé de l'étoile stable. Euh, je suis désolé de vous avoir…

Le souverain m'a interrompu avec un sarcasme écrasant.

— Monsieur Sourire connaît l'astronomie. Alors, si je comprends bien, vous venez de la source de notre fleuve et vous descendez vers la mort…

— Euh?

— Que faites-vous ici?

— Je suis à la recherche de la pierre qui fera jaillir la grande étincelle, celle qui contient tous les feux de vie.

— Ah bon. Intéressant!

Il s'est approché tout près de moi, de biais. Il a tourné la tête. Il avait des yeux d'aigle très intimidants et soulignés de khôl. Il portait une fine cape en fourrure de léopard. Son parfum doux acide rappelait les raisins secs, la résine, le miel, la myrrhe et le safran.

— Avez-vous la permission de nos gardes-frontières? Vous risquez beaucoup en passant par mon royaume.

— Je sais, on me le dit tout le temps. Je suis vulnérable, tout peut arriver, même ce que vous imaginez à l'instant.

J'ai baissé les yeux et ma voix a fait entendre un trémolo.

— Je ne peux plus m'en retourner, car mon peuple n'existe plus.

— Votre peuple a été anéanti? Vous êtes en exil?

— Non, Votre Majesté.

— Alors qui vous envoie chercher cette fameuse grande étincelle?

— Personne.

— Quoi?

— J'effectue cette quête seul. Je n'ai aucune idée de l'endroit où peut se trouver cette étincelle… Avec respect, je demande à Votre Majesté la permission de traverser son royaume.

— Oh, tu es libre ici!

Cette manière diplomatique d'éviter les négations pour répondre à une demande délicate me laissait toujours une frustrante confusion. Soudain, le monarque a tapé dans ses mains et a chuchoté à l'oreille de son conseiller et grand vizir:

— Vous allez bien vous occuper de mon invité, n'est-ce pas, Grand Vizir?

— Oui, Votre Majesté, a répliqué l'homme en se frottant le menton.

— Où allons-nous ?

Les longs corridors étaient bordés de majestueuses colonnades ciselées de bas-reliefs polychromes, et çà et là s'imposaient de somptueuses sculptures.

— Nous allons à vos quartiers. Vous savez ?

Ce vizir me faisait bien rire avec son nez levé et sa voix de roue grinçante.

— Vous avez échappé à la justice, monsieur Sourire. Vous savez ? Vous êtes très chanceux, car vous avez fait un affront au roi. Vous seriez passible de mort sur-le-champ. Il est malade… Vous savez ?

— Oh ! Je suis désolé pour votre roi.

— Le ciel vous est favorable…

Curieux, j'ai demandé à ce courtisan téteux ce qu'était la justice.

— Vous êtes ignorant en plus. Il est quand même bien qu'un ignorant soit curieux. C'est le jugement des clémences et des châtiments porté par le Suprême des Justes ou par les tribunaux. C'est pour la paix. C'est la tradition. Enfin, elle remonte au début de notre civilisation, cette tradition. Tous nos sujets ont droit à la justice et à la paix. Vous savez ?

— Il y a de l'injustice dans votre justice ?

— Bien sûr que oui, rien n'est parfait, vous savez ! Mais les astres nous guident.

— Mais si un jugement est injuste, que se passe-t-il dans le cœur des gens ?

Le vizir s'est frotté plus vite le menton.

— C'est la force de conviction qui compte dans le débat. La paix des uns n'est pas la paix des autres, et entre vous et moi, la justice n'est pas vraiment importante, vous savez ? C'est l'arrêté de justice irrévocable qui compte. Il faut clore un jugement pour passer au suivant. Puis l'humain a toujours eu besoin d'un bouc émissaire…

— Le peuple ne peut-il pas collaborer ?

— J'ai bien peur que jamais ! On ne met pas l'intelligence entre des mains d'ignorants. Et votre race… Il y avait justice ?

— À l'origine, les mots « paix », « vengeance » et « ennemi » n'existaient pas. Mais lorsqu'il y avait un cas, le village entier entrait dans un examen de conscience sur l'origine commune, car il s'agissait d'un effet de chaîne, faisant ainsi disparaître l'acte réprimandable et les souffrances. Nous souhaitions la réconciliation durable. Les souffrances étaient dissoutes à la source.

— Mais c'est très archaïque, vous savez ? Voilà, nous arrivons à vos quartiers. Ici, à votre gauche, ce sera au fond du couloir, encore à gauche, la première entrée à votre droite. Mais avant, je vais vous présenter au prêtre astrologue. Étendez-vous confortablement.

L'antichambre était garnie de sofas moelleux. J'imaginais la peau de velours cuivré des belles servantes égyptiennes. Allongés, le grand vizir, l'astrologue et moi étions bien accoudés et entourés d'abondants plats de fruits frais et de jarres d'hydromel rafraîchissant. Les longues colonnes décorées étaient plus larges que mes bras étendus. Elles soutenaient des poutres impressionnantes sur lesquelles étaient appuyées les plaques de pierre du plafond, peintes de fresques et de hiéroglyphes.

— Quelle est cette grande étincelle que vous cherchez ? Pourquoi est-elle si précieuse ? a demandé le grand vizir.

J'ai vainement tenté d'expliquer les détails de ma quête.

— Quelle superstition ! Une vulgaire flamme… Une flamme de roche ? Que la colère des dieux vous suive, m'a lancé l'astrologue en levant durement le poing en l'air.

— Vous cherchez un dieu vil et antagoniste aux nôtres. Il n'y a de dieux que les nôtres.

Je me suis levé comme un léopard déterminé.

— Non, je ne cherche pas de dieux comme vous le croyez ! Prêtre astrologue, Grand Vizir, je suis peut-être dans l'erreur, mais j'ai droit à l'erreur !

J'ai aussi montré mon poing et ils se sont redressés.

— N'ayez crainte. Regardez, cela symbolise l'Univers. D'accord ? Mes doigts repliés sont en face de moi, et vous n'apercevez que le dos de mon poing. Cette partie de l'Univers est votre vérité, et l'autre côté, la mienne. D'accord ? Nous n'avons qu'une faible perception des choses. Tout est question de point de vue et nous avons tous raison. Veillez m'excusez, je dois partir...

— Vous partirez ! affirma doucement l'astrologue. Calmez-vous ! Le roi vous protège. Suivez-nous.

Ça faisait des siècles qu'on me trimbalait dans ce labyrinthe aux mille pièces.

— Entrez par ici.

Cette pièce ouverte sur un jardin offrait une vue magnifique : le grand fleuve, le désert et le ciel bleu. De longs pleins jours avaient été placés pour que le peu de vent s'infiltre. Trois prêtresses sont arrivées. Deux étaient de gracieuses jumelles qui ne disaient rien. L'autre était une conseillère du royaume. Elles étaient vêtues de soie bleue et d'un fin lin transparent laissant entrevoir les courbes voluptueuses de leur corps nu. La conseillère portait un voile qui cachait à peine des cheveux roux finement tressés. Elle a rempli ma coupe. J'étais faible, égaré dans une douce ivresse d'érotisme. Jadis, nous vivions complètement nus, mais nous ne reluquions pas la nudité de cette façon. Ces femmes ornées de bijoux et aux paupières poudrées de bleu et de vert, aux lèvres et aux ongles relevés de henné étaient aussi belles que leur cynisme était cru.

Mais de quoi parlaient-ils tous ? De choses dont j'ignorais tout, des dieux, des mathématiques, de l'astronomie. Les attaques sur mes origines et mon ignorance m'intimidaient et me blessaient profondément. Je devais lutter, c'était une question de vie ou de mort.

— Je viens ici avec un bagage intellectuel différent que je m'efforce de partager. La richesse est de prendre tout et de ne rien garder pour soi ; nous ne sommes qu'un canal...

— Vous ne connaissez rien des oracles du ciel, de l'écriture et des dieux, a rétorqué l'astrologue. Des vieillards vous ont un peu dégrossi, vous avez côtoyé des primitifs, des incultes... De plus, vous recevez des messages du vent. Vous êtes fou !

J'ai commencé à trembler, ils attaquaient mon berceau.

— Vous domestiquez votre peuple avec l'éducation systématisée, alors que nous transmettons naturellement le savoir oral et l'instinct sauvage inné. J'ai rencontré des vauriens et des pourris habillés dans des étoffes rares et des costumes d'apparat. J'ai aimé de bonnes gens humbles, ainsi que vous les classez du haut de votre hiérarchie. C'est de tous ces gens que j'ai appris des choses exceptionnelles, des gens qui ont donné l'honneur de croiser nos vies pour nous faire réfléchir sur notre destinée. Votre rôle, maîtres du monde, c'est de stimuler l'intellect et de transmettre l'estime pour s'explorer. Votre bon peuple souffre dehors, écoutez-le avec votre cœur et il vous aimera.

Moment de silence... Puis la conseillère est intervenue.

— Qui êtes-vous ? Que cherchez-vous réellement ?

— Finalement, je ne suis rien qui pourrait vous intéresser. Je cherche une pierre de lumière, celle qui possède la grande étincelle de vie.

— C'est assez ! a coupé l'astrologue. Il divague, il est fatigué et il a trop bu.

Le vizir se frottait le menton.

— Laissez-le continuer, a-t-il encouragé.

J'ai saisi une grappe en examinant ces femmes. Mon appréciation de leur érotisme baissait à la mesure des raisins que j'avalais. Quelque chose me disait que cette discussion n'était pas tout à fait inutile. Comme ils adoraient les histoires, j'ai décidé de les charmer.

Un jour, de l'autre côté du passé, vivait un enfant ainé doté d'une intelligence différente.

Après le déjeuner, les cueilleurs s'affairaient sous les ordres du père et le jeune les implora de l'emmener.

— Où allons-nous ? voulut-il savoir.

— Nous allons à Nulle-Part, répondit l'un d'eux.

— C'est où, Nulle-Part ?

— C'est Nulle-Part ailleurs où tu te trouves, l'informa vaguement l'un de ceux qui s'affairaient.

— Alors, allons remplir les outres d'eau et les les gibecières de victuailles.

— Non ! refusa le cueilleur. Nulle-Part, nous allons à Nulle-Part.

Ses amis disparurent à l'arrière de la réserve pour tasser la récolte de pousses, et le pauvre jeune devint confus. Son menton et ses lèvres se mirent à trembloter sous une ou deux larmes. Mais heureusement, le rêve rattrape toujours les pleurs d'un enfant.

«Là où le fleuve touche aux grandes eaux, c'est là le lieu de départ des radeaux qui se rendent à Nulle-Part. Et si j'y allais en pensant très fort ? Ça doit être fantastique à Nulle-Part. Il doit y avoir plein de petits riens, ces petits personnages heureux et toujours absents. Il y a sûrement des pensées de riens qui tournent autour de moi. » Son sourire rêveur avait déjà séché les larmes sur ses joues terreuses. Il était déjà à Nulle-Part.

— Bonjour, pensées, murmura-t-il. Y a-t-il des pensées autour de moi ?

L'une d'elles lui répondit.

— Oui… Mais je ne suis pas là !

— Pourquoi n'es-tu pas là ?

— Je suis une pensée absente comme la tienne et tout comme moi, tu cherches ce qui n'est pas là.

Je me suis approché des prêtresses jumelles, charmées par mon histoire, et je leur ai dit tout bas :

— Chut ! C'est un secret de rien. C'est entre vous et moi. De toute façon, pour les Quelques Choses, Nulle-Part, c'est pour les absents ! Vous me suivez ?

Le Jeune Pharaon apparut, ému, car il s'avérait qu'il avait écouté la conversation de derrière un rideau.

Ces jeux de provocation étaient d'ordre initiatique, et il semblait que mon humilité ait gagné sur le mépris. Les érudits et les scribes se sont intéressés à moi, et entre bibliothèque, observatoire et université, l'essentiel de mon temps s'est résumé à l'étude captivante des sciences. Aussi, j'étudiais le peuple sur le terrain. J'ai toujours été proche du peuple en raison de l'amour que je lui portais, je pense. Cela me permit de le rapprocher des élites de l'empire. C'est l'homme à la charrette aux roues de bois qui m'avait renseigné sur l'oppression que les habitants subissaient de la part de leurs dirigeants. J'en avais fait une cause personnelle.

— C'est ma dernière convocation, m'a appris le suprême en toussotant dans un fin tissu. Nous avons beaucoup appris de vous, et l'histoire de l'enfant et de son monde de Nulle-Part deviendra assurément une légende. Nous cherchons trop souvent ailleurs et heureusement, nous ne trouvons souvent rien. Vous avez bien conseillé l'empire dans la résolution de conflits sans violence. Notre peuple a retrouvé un fragile équilibre. Vous êtes un grand contributeur pour l'humanité et nous vous en serons toujours reconnaissants. Le scribe vous a-t-il montré comment lire nos signes et l'astrologue vous a-t-il enseigné comment interpréter le ciel nocturne pour faire des prédictions ?

— Oui, Pharaon !

— Vous connaissez bien les douze parties de l'Univers ?

— Oui ! Et ce sont vos savants astrologues qui ont établi les trois cent soixante-cinq jours et les vingt-quatre parties du jour, Votre Majesté.

— Vous connaissez les cinq étoiles vagabondes qui ne suivent pas les autres ?

— Oui, l'astrologue m'a dit que ce sont des planètes.

— Souvenez-vous que l'une d'elles est aussi proche de vous que l'amour.

— Oui, Monseigneur.

— Je suis éprouvé par un dur malaise et je donnerais mon royaume pour que la vitalité se propage de nouveau en moi.

Sa main a fouillé sous les délicats tissus de son divan. Il bafouillait.

— Un cadeau peut corrompre même s'il est offert avec la plus pure intention du monde, mais je sais qu'il peut aussi aider. Voilà, c'est pour vous… Une demi-amulette en or massif…

Le roi a fouillé encore sous ses coussins et en a sorti un cristal.

— Oh ! Incroyable, Pharaon ! Voilà la surprise de ma vie ! Mais c'est le cristal bleu de maman ! Je le croyais perdu à jamais !

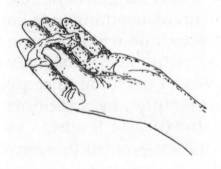

— Il vous a suivi partout ; il vous est destiné. Les oracles sont de bon augure pour vous. Un peu comme la légende où le fleuve qui touche aux grandes eaux, là où se trouve le lieu de départ des radeaux qui se rendent à Nulle-Part, là où le fleuve se meurt, le cristal bleu vous dictera la direction à suivre.

Je me suis souvenu du message de ma mère. « *Ne t'acharne pas à la posséder. La possession est de l'esclavage, et l'esclave cherchera toujours la liberté. Laisse-la libre et elle te reviendra si tu la mérites.* »

La gorge serrée, le monarque m'a chuchoté quelques mots à l'oreille. Puis il a retourné sa cape de fourrure de panthère noire sur lui. Son visage blême est devenu serein, puis il s'est illuminé.

Le jeune souverain a médité. Éternité de silence…

— Bientôt, je serai chez les dieux ! Trouvez cette pierre de lumière. Taillez-la à coups d'épreuves et vous aurez l'étincelle.

Je naviguais sur ma longue route et je voyais encore cette image de gens éplorés. Quitter des amis si chaleureux me donnait le vague à l'âme. Le temps voguait nonchalamment en cabotant d'une cité à l'autre. Je me dirigeais vers l'étoile stable. On voyait les felouques accostées dans les ports, les temples, les sculptures géantes, le regard fixe bravant le temps. Ces sculptures veillaient au bien-être du peuple. On les craignait, car elles pouvaient laisser se déchaîner les forces de la nature. On les priait donc tout le temps.

Le temps… Ce long cordon de vie qu'il m'était donné de suivre. J'en étais presque à la moitié. Qu'allais-je faire de l'autre moitié ? Étais-je satisfait

de ma vie antérieure ? Que devais-je changer ?
Changer de cap ?

Sur la passerelle entre le bateau et la corniche,
j'avançais dans les cycles du temps et je savais que
j'aurais ma chance de mourir un jour. En fait, ce
n'était pas moi qui allais mourir. C'était le temps
qui allait mourir, car j'étais le temps. Le temps
naissait, vivait et mourait. L'Univers, lui, restait. À
la manière de ce grand fleuve qui traversait les
contrées, qui se gonflait et se dégonflait au gré des
crues et des sècheresses. Il respirait le fleuve. Il
vivait. La vie et le temps s'y accrochaient.

C'était sublime. Je marchais en oblique parmi
de bienveillantes divinités, des colosses de pierre
mi-humains, mi-animaux. Des forces de la nature,
une force-déesse qui devenait aussi force-ennemie,
car elle nous voyait. La force de la croyance pour
un seul idéal se palpait ici. Contrôler le bon peuple.
Le grand vizir m'avait dit que le roi devait maîtriser non seulement les croyances, mais aussi le
territoire, l'énergie et le temps. Et maîtriser le
temps n'était pas d'aller plus ou moins vite que
lui.

Je me suis mis à marcher entre villes et cam-
pagnes. Des gens de toutes natures vivaient dans
la grande illusion de la réalité. Un temps réel que
tous voulaient contrôler pour en jouir, mais qui
leur échappait. Sur cette route parsemée de mon
passé, je me suis retrouvé dans un quartier impo-
pulaire de services charnels. Le soleil avait disparu
sous l'horizon et les flambeaux de l'allée exhi-
baient la silhouette à moitié effacée d'une femme
aguichante qui s'était dénudé un sein en guise
d'invitation. Une autre a agi plus grossièrement...

Impassible, je suis entré dans un petit hôtel. L'un des habitués m'a abordé d'un ton sec.

— Hé, toi, l'étranger ! Que fais-tu ici ?

Pris d'une grippe fiévreuse qui m'assommait, je n'avais pas le gout de discuter.

— Je ne suis pas plus étranger que toi. Nous appartenons tous à cette terre. Je suis venu dans ce tripot pour dormir, sans la luxure. C'est tout !

— Apportez-lui une décoction d'hydromel au citron bien chaude ! a-t-il lancé d'un ton amical à la serveuse.

Le lendemain, le ciel était bouché de nuages.

— Il fait beau, m'a annoncé un jeune en venant marcher avec moi.

— Assurément, et pour une fois, le soleil n'a pas un regard lourd.

Ma grippe me rendait maussade. J'avais mal dormi, dérangé par les lamentations des putains gémissant sous leurs libidineux clients. Pire encore avait été une ricaneuse prise en mordache entre deux jeunes étalons. Il y avait ce jeune qui m'enfargeait avec ses rêves, qui voulait qu'on traverse les frontières vers la liberté. Pauvre de lui ! Je l'encourageais et j'observais l'homme ; le sauvage en lui s'était enfui. Il était docile, émasculé, il rêvassait vainement d'attraper l'indompté.

Les moins fortunés fléchissaient sous les ordres du fouet. C'était révoltant ! Décidément, le Jeune Pharaon, malade, ne pouvait plus gouverner, et ses lâches courtisans et fonctionnaires coûtaient la peau des fesses au peuple.

En sortant de la ville, nous avons cheminé entre les bœufs et les laboureurs qui revenaient avec l'araire à l'épaule. Les clics et les clacs des fouets de sisal résonnaient sur le dos des bœufs maigres. D'autres, dans un va-et-vient, pompaient molle-ment de l'eau à l'aide des perches en balanciers des chadoufs, déversant ensuite les pots d'argile dans les longues rigoles qui ruisselaient dans une presque antigravité pour irriguer les terres. Il fal-lait lutter pour vivre ici, suer pour des poussières d'or qui glissaient entre les doigts comme le sable jaune du désert.

J'attrapais à la volée les pensées vagabondes et je voulais en envoyer une bonne au Jeune Pharaon. Plus loin, dans la vallée, j'ai vu un berger qui tra-versait le chemin avec son troupeau. Il allait abreuver ses moutons dans les canaux. Il s'est retourné, appelant le plus simplement du monde ses ovins éloignés. Je me suis adressé à lui dans la langue du Sud.

— Je m'interroge, berger… À quelle vitesse une pensée voyage-t-elle dans l'univers ? Et surtout, jusqu'où peut-elle se perdre dans l'exotisme exubérant de ces univers inconnus ?

— L'infini est la limite, là où l'incompréhension commence.

Assurément, les bergers ont le temps de penser. J'ai repris ma route avec encore plus de questionnements.

Qui pouvait guider un simple berger vers les origines, au-delà de l'imaginaire?

Mais avant, bien avant... Quel berger a guidé l'incompréhension? L'Univers se posait-il la question de ses origines et de sa destinée comme je le faisais toujours?

Mon jeune ami avait disparu. Je suis arrivé à une terrasse déserte et ombragée par des palmes dansant sous un vent chaud. Souriant, j'ai demandé un peu d'eau au tenancier. Sous sa moustache, il m'a souri aussi. Rapidement, des curieux se sont approchés, et nous nous sommes amusés à discuter de mes aventures.

— S'il vous plaît, monsieur l'étranger, j'ai beaucoup de clients à servir. J'ai besoin de cette table.

— Oh! Désolé.

J'ai pris mes affaires et me suis installé à la terrasse d'à côté. Le propriétaire a trempé sa louche dans un zeer[2].

— Assoyez-vous. C'est ma tournée. Voilà un bon zython doré et bien mousseux. Vous avez sûrement faim?

Mes fidèles amis m'ont suivi et m'ont posé mille questions, comme si j'étais le savoir même.

— D'où viens-tu? Et les contrées lointaines? Et les gens d'ici? Et d'ailleurs? L'Univers et les dieux?

J'ai jeté un regard à la terrasse du moustachu. Plus personne! Le pauvre homme était assis et se mordait les pouces. Il souriait encore. Tous ces fidèles autour de moi étaient assurément le signe du besoin d'un maître spirituel. Mais je n'étais pas

---

2. Le zeer est un grand pot d'argile qui garde liquides et aliments dans une certaine fraîcheur.

l'élu, j'avais ma propre quête. Les regards se sont détournés vers le chemin. Un couple est arrivé au côté d'un âne chargé d'étoffes et de victuailles. L'homme portait sur son ventre un bébé bien emmitouflé dans une étole.

— Venez! Prenez du repos, les a invités un des clients.

— Où allez-vous comme ça? a demandé un autre client.

— Nous sommes en fuite vers le haut de cette contrée. Nous venons de l'empire du bas. Là-bas, pour une raison qui nous échappe, le roi a décrété qu'il fallait sacrifier les petits enfants.

— J'ai une chambre pour vous, a soufflé le tenancier fortuné. Vous pouvez rester le temps qu'il vous faudra. J'ai du travail. Vous avez des aptitudes?

— Eh bien, je suis charpentier! a répliqué l'homme à la barbe noire.

— Justement...

J'ai toujours aimé les enfants, ils ont quelque chose de mystérieux. Je regardais tendrement le poupon. Sa mère m'a permis de le prendre. Je pensais à la pérennité de l'humanité depuis la nuit des temps et à son avenir... Les enfants sont source de vie et de bonheur. Je rêvais d'en avoir, de leur donner le meilleur de moi, d'avoir le privilège de mourir par amour pour eux.

« Alors, vous venez de la source de notre fleuve et vous descendez vers la mort... » m'avait dit le Jeune Pharaon. La source était la vie, l'enfance, et ici, j'étais dans le delta. C'est dans ce lieu que la triste nouvelle s'est répandue. Le Jeune Pharaon était mort, et le peuple portait le deuil. L'avenir du

fleuve au fond du delta était la fin, car il n'y avait plus de fleuve après, il y avait la mer, l'éternité, comme celle d'un de ses prestigieux fils.

Il devait être quelque part dans l'une de ces constellations que l'astrologue m'avait enseignées. Depuis quelque temps, je pouvais voir l'étoile stable. Plus j'avançais, plus le firmament me révélait de nouvelles configurations brillantes qui formaient de nouvelles figures prémonitoires.

Maintenant, je devais prendre une décision cruciale. J'étais confus. J'avais le choix de continuer mon chemin sur la mer, vers l'étoile stable, vers le couchant, ou d'aller à l'opposé, vers le levant. J'ai laissé le hasard décider pour moi, comme le Jeune Pharaon me l'avait dit : « *Là où le fleuve se meurt, le cristal bleu vous dictera la direction à suivre.* »

J'ai tracé une croix dans le sable et je me suis positionné au centre. J'ai pris le premier cristal au hasard et je l'ai mis sur la branche qui pointait le couchant – c'était le cristal rose de la Petite Vieille. J'en ai déposé un autre sur la branche qui pointait vers la mer – le cristal noir de mon ami Premier –, et le dernier sur la branche qui pointait vers le levant – le cristal bleu, comme le Jeune Pharaon me l'avait indiqué. Ce serait ma destination, je suivrais le cristal bleu vers le levant.

ERA TERTIA

VI

Le Faux Menteur

Assez loin en Airiiana, Eurasie - 1 015 ans

La pierre bleue m'avait conduit bien plus tard, en face d'une petite mosquée dont le portail était décoré de jolies mosaïques, justement, de faïence bleue. Les fresques imitaient des végétaux. Autour de moi, les gens ricanaient comme s'ils avaient été délivrés de tous les péchés du monde. Ils sortaient de la prière commune. Le bleu de Perse! J'ai sorti le cristal bleu de mon sac. C'est lui qui m'avait conduit jusqu'ici grâce au Jeune Pharaon, et j'avais le pressentiment d'une énigme.

Tout le monde était heureux. J'ai volontiers subtilisé un peu de ce bonheur, ce trésor caché plus grand que celui des empires pharaoniques. J'en laisserais en route, je l'espérais, sans jamais m'appauvrir à donner. C'était trop tard, l'empreinte de cette valeur intangible était en moi. Et comme souvent j'aimais le faire, j'ai admiré un moment le bonsoir des reflets diamantés sur la mer. J'ai chuchoté un merci qui s'est mélangé aux *Allahou akbar,* la louange du Maghreb qui se répandait du haut du minaret.

Des dames étaient là, curieuses au sujet de l'étranger qui portait un châle aux motifs colorés. Certaines portaient un tchador et d'autres étaient entièrement couvertes d'une burka noire. J'ai salué l'une d'elles : « *Assalamu alaykum.* » Elle m'a répondu spontanément : « *Wa alaykum assalam.* » Le noir dépersonnalisait, comme porter le deuil : pas de contours du corps, pas d'yeux pour rentrer dans la richesse des émotions. Elle s'est approchée timidement en s'assurant qu'il n'y avait pas d'hommes autour. Je lui ai parlé de mon voyage invraisemblable.

— Mais c'est dangereux, il y a des cannibales ! s'est-elle effrayée.

Je n'ai pu m'empêcher de taquiner sa naïveté.

— Les chefs des cannibales m'ont toujours reçu comme un vieil ami. Le rituel de bienvenue est généralement semblable. Pour le festin du soir, ils ordonnent d'abattre le mieux en chair de la tribu et de l'apprêter avec des fines herbes de la région et de savoureux légumes.

La jeune dame n'a rien dit. J'imaginais derrière le fin tissu sombre des yeux ronds de raisonnement, une forte émotion en chamaille.

— C'est comment ? m'a-t-elle demandé d'une voix vacillante.

— Oh ! Tout à fait délicieux… On dit que les Blancs sont assez tendres. La viande de Noirs est très douce au palais, mais les Persans n'ont pas d'égal pour la finesse de leurs viscères. Chaque culture offre une aventure gastronomique particulière.

Je n'en pouvais plus, j'ai explosé de rire en la priant de ne pas croire un mot de cette histoire.

— Mais il y en a qui font ça?

— Oui, mademoiselle. J'ai été tristement témoin de massacres et d'une panoplie de mutilations physiques et intellectuelles. Le pire est de voir les enfants victimes, ça brise le cœur.

— Étranger, vous qui venez du passé et qui allez toujours vers le levant, emmenez-moi dans le très loin pays de rêves. Je me donne à vous, mariez-moi s'il vous plaît avant que je n'y sois obligée avec un autre homme.

— Oh! Euh! N'est-ce pas votre famille qui vous mariera?

— Oui, mais nous sommes prisonniers d'un monde obtus et immuable. Une cousine, une des femmes du Cordonnier, m'a tellement parlé des autres mondes. Elle est fortunée, et son mystérieux mari la fait rêver.

Soudainement, un homme est arrivé, captant mon attention comme pour faire taire cette femme derrière le mur du machisme. Il m'a dit avec un regard inquisiteur que tous étaient dans un cloître libre dans l'immensité intérieure du livre sacré. Puis il devint sympathique.

— Étranger, vous êtes invité en ce jour de mariage, a-t-il poursuivi. C'est notre devoir de recevoir des pèlerins, et le Très Grand nous ouvre un peu plus les portes du paradis. Khalil a attendu son tour pour s'unir à sa fiancée, car l'aîné de la famille se marie le premier et ainsi de suite. Le père de Khalil et celui de la fiancée offriront chacun une vache pour la noce.

Dans une habitation, des femmes préparaient des légumes pour l'événement. Dans une autre où je m'étais rendu et où se trouvait le père de Khalil, des plateaux de fruits, de jus et de pâtisseries salées avaient été placés çà et là sur de grands tapis finement tissés d'arabesques. Les murs de terre crue blanchis à la chaux étaient complètement dégarnis, et le plafond était retenu par des poutres faites de troncs de dattier. Nous étions assis sur la moquette et nous nous amusions à nous lancer des mots d'humour. Le père du marié était visiblement heureux, car il s'exprimait à cœur ouvert.

— Vous apportez la lumière à cette noce, monsieur Sourire. Ce matin, j'offre le repas. Venez dehors. Derrière la maison, nous allons abattre la vache et préparer la viande.

Pendant que le maître débiteur affûtait ses couteaux, les invités ont attaché les pattes de la vache et l'ont couchée délicatement en l'immobilisant bien. À l'aide d'un morceau de bois placé en travers de sa bouche, ils ont tourné son front vers le sol, en direction de la Mecque. « *Bismillah Allahou akbar.* » Après cette prière, le maître débiteur a tranché la gorge de la bête dans un geste franc. Le sang se pulvérisait sur la terre alors que les poumons expiraient en crachin. Il fallait la laisser mourir tranquillement. Déjà, des plateaux de viande circulaient sur les épaules vers la préparation du festin. Après les engagements, les réjouissances ont continué la nuit durant avec des beuveries sournoises dissimulées au travers des danses, des mélodies de neys[3] et des sagrutas[4].

---

3. Les neys sont des flutes obliques persanes à embouchure terminale en roseau.
4. Cris.

Khalil m'a avoué qu'il n'aimait pas sa fiancée, mais que ça viendrait par la suite grâce à la parole du Grand Guide. Ça ne l'inquiétait pas, assurait-il. Il a aussi ajouté que c'était la faute de la femme si l'homme avait des pensées vicieuses à son égard.

À ma question sur le nombre d'enfants qu'il souhaiterait avoir, il a souri.

— Mon rêve serait d'avoir sept enfants et quatre femelles.

Comme si les filles n'étaient pas des humains.

— Je m'adresse à toi, Khalil… Elles ne doivent pas savoir ce que je te confie. Certaines femmes pourraient mal comprendre.

Ses yeux sont devenus ronds comme des billes de boue séchée au soleil du midi.

— Dans le sens superséduction, au rouge à lèvres et aux seins remontés au point qu'il faille soutenir gorges et montagnes avant l'effondrement, pour le seul jeu de la vie, il faut surmonter le gras de taille, la mine basse, s'il faut recommencer l'acte à tout prix après les aphrodisiaques. Non ! Je parle de la pure essence féminine cherchant la pure essence masculine, comme deux huiles essentielles qui vont créer un riche parfum de vie dont la rareté n'a d'égale que l'exotisme. À l'inverse, jamais nous ne devons imposer à la femme de se couvrir de honte ou d'ignorance parce qu'elle a un diable en elle. Sinon, nous, les hommes, aurons le regard crochu. Moi, je ne joue pas à ce jeu injuste.

Khalil ne me comprenait pas. Je pensais à toutes les épouses et amies des hommes que j'avais rencontrés. Partie mystérieuse et occulte. Je vous ai découvertes avec respect, à distance. Vous étiez voilées derrière un rideau, une porte, un grillage. Je sais que vous m'avez vu et connu par le biais de vos hommes. Un jour, nous dirons : « Jadis, il y avait les femmes complètement voilées d'une culture riche qu'il fallait préserver avant qu'elle ne disparaisse. » Comme nous l'avons pensé pour de rares civilisations qui vivaient nues…

— Vite, vite, monsieur, venez… Suivez-nous !

J'étais littéralement assailli par des enfants qui me halaient par les mains.

— Le Cordonnier veut vous voir !

C'était jour de marché dans cette contrée du levant et certaines dames exposaient de jolis ornements et de fines broderies, comme si elles résistaient au tabou qui s'enracinait lentement dans l'intellect du peuple. Elles étaient des autochtones, me disait-on. Différentes des autres, très colorées. Je voulais m'attarder, mais les gamins me tiraient vaillamment à travers la cohue. Soudain, ils m'ont libéré devant ce fou braque qui riait seul sans se préoccuper des jeunes qui couraient et jouaient autour de lui. Ce drôle de bonhomme, mal fichu côté visage, était assis juste au bord d'un tas de godasses sur un monticule de retailles de cuir. Il cousait une godasse bien fixée entre ses pieds nus.

Je me suis accroupi face à lui.

— Vous vouliez me voir ? Ces enfants m'ont entraîné ici. Pourquoi ?

J'ai attiré son attention sur le trou dans ma semelle de droite et sur la lanière déchirée dans la gauche.

— Ha! Où est le centre de l'Univers? m'a-t-il lancé.

Mes yeux se sont écarquillés.

— Le centre de l'Univers? a beuglé le savetier.

Pendant un instant, j'ai cru m'adresser à un fou.

— Euh! Là-bas, là où se trouve l'étoile stable?

— L'étoile stable! Ah! Ah! Ignare, perdu! Ouch! Ah! Ah! Ouch! Du sang! Maudite aiguille! Non, le fou! Ha! a lâché mon vis-à-vis en posant ses doigts sur ma poitrine. Il est à l'intérieur de toi, là, en dedans. Tu es le centre. Il n'est pas là-bas, là-haut, en bas, à droite ou à gauche. Tu es le champion du monde, mon homme. Tu as tout l'Univers là-dedans. Tu es Dieu, Allah, Shiva. Ha! Tu vois, tu n'es pas emmuré dans un sanctuaire entre des colonnades. Oh! Que le Bouddha me disculpe de mes jurons! Tu es libre! Il est Toi. Tu es le cinquième point, le centre des quatre directions.

Cet hurluberlu a examiné mes sandales.

— Ho! Ho! Ho! Je peux deviner qui tu es par l'usure de tes chaussures.

Il faut être prudent avec ce genre de bonhomme. J'ai joué le jeu.

— Alors, qui suis-je?

— Ha! Laisse-moi les examiner, tes *caligaes*... Le trou en dessous me dit que tu es un messager qui prend et donne le respire, l'ouverture. C'est ta personnalité, tu es jovial et quelquefois trop contemplatif.

Ouf! Son rire éraillé a sifflé comme s'il sortait d'un vieux qui s'époumonait.

— L'usure des talons désigne un géniteur improbable. Ha! Tu serais un bâtard de l'Afréiriah qui va vers le levant, l'usure est trop intense ici à l'intérieur. Là, ces égratignures révèlent une vie fabuleuse. L'amour viendra de là-haut. Oh! Suis-je le plus grand menteur? J'ai peine à me croire. Me crois-tu? Hi! Hi! Si tu veux tout savoir, demande-moi! Oh! Moyennant quelques ronds... Si tu me crois encore! Ha!

Son œil était exorbité et ses sourcils effilochés effleuraient son turban puant tout aussi effrangé.

— Ne t'en fais pas, je suis un canular! Que Dieu me coupe la langue. Hiii! Hiii!

★★★★★

Là-haut, par-dessus la cohue du souk, un gémissement s'éprit de louanges. Le Cordonnier interrompit sa découpe de cuir et leva les yeux.

— Je plains ce damné qui va hurler dans le minaret avant chaque lever du Soleil. Elles se prétendent toutes l'agent officiel du divin.

— Qui « elles »?

— Ho! Je ne suis pas mieux. Dans ma jeunesse, je rêvais d'un sacerdoce. J'ai changé d'idée après ma première masturbation. Ha! Hi!

— Mais qui « elles »?

— Les religions, mon homme! Ha! Égorgeur de brebis après avoir suivi le maître, il n'y en a pas de pures, elles sont toutes influencées par d'innombrables cultures tribales ancestrales. Que Zeus me foudroie sur-le-champ! Elles sont le piège de l'âme. Ces mégaclubs ont tort d'imposer le tort aux autres. J'ai pourtant un jour demandé à des extrémistes intégristes fanatiques s'ils se sentaient piégés dans le leur. J'étais hors contexte. Oui, mon homme. Je me suis poussé à l'autre extrémité d'un monde.

Un extrémiste ? À l'extrémité d'un monde ? Parle-t-il du tranchant du silex ?

— La mienne se résume en un mot : *Iqra !* Ah ! Ah !

— Quoi ? Diable ? J'ai de la misère à vous suivre… *Iqra ?* Ça mange quoi ?

— C'est le premier verset de l'*al-kitab. Iqra* signi-fie « lis » ! Lis au travers d'une fleur qui s'épanouit, dans l'expression d'un enfant ou dans l'immensité du ciel. Lis les messages dans le respire, dans le vent de la mer qui te dit que le cristal est pour toi. Surtout, respire le parfum, il te rappellera…

Le cristal ? Comment ce Cordonnier peut-il connaître ma quête ? J'ai des doutes sur ses prétendus mensonges, il semble raconter des vérités.

— Lis l'amour. Lis dans les trous de souliers. Ha ! Voilà toute ma religion. Là. Ha ! Et rappelle-toi. L'objectif d'une religion, mon homme, est de rap-procher l'humain du divin. Pas plus ! Tu peux être un ignorant analphabète ivre d'épouvantables pouvoirs, mais lisant néanmoins les paroles sacrées du livre ! Ha ! La comprends-tu ?

— Vous croyez ?

Son sourcil s'est sympathiquement froncé, révé-lant quelque chose d'attachant en lui.

— Écoute cette histoire… Euh ! Au fait, quel est ton nom ?

— Je m'appelle Sourire de Lune.

— Un jour, j'ai demandé au fils fou du fabricant de tentes… Oh ! Mais de quelles belles choses il tenait sa folie : poète, mathématicien, philosophe, astronome. Son nom est Omar Khayyam, il est de Nishapur, ici, plus au nord, dans le Grand Khorasan. Alors, je lui ai demandé s'il croyait en l'amour. « *Certainement, qu'il m'a dit, avec du vin, des donzelles déesses, des parfums de kyphi et des mélodies de luth.* » Ironie ? Pas du tout, ce philosophe mathématicien soufi m'a transmis le virus de l'amour. Profite de la vie mon homme, Dieu est une chimère. Oh ! Qu'Allah me jette dans ses entrailles infernales ! Voilà…

Sur le coup, j'ai pensé que ce joyeux philosophe aimait les maisons closes. Mais ce bon Cordonnier était intrigant et je cherchais des indices dans son langage.

— Si Dieu est amour, alors vous croyez en Dieu ?

— C'est une question puissante, mon homme ! Tu sais, l'œuf ? Qui a créé qui ? Est-ce l'humain qui a créé le Très Grand de son imagination ou le Très Grand qui a créé l'humain de son imagination ? Ho ! Ho ! Nous ne pouvons pas concevoir cela, alors il n'a jamais été conçu. Voilà ! Il n'existe pas. Si je conçois Dieu, alors je viens de le créer, mon homme. La comprends-tu ? Autre chose… Le Très Grand existerait-il sans l'humain ? Comme c'est déjà arrivé et que ça arrivera encore ? Que fera-t-il lorsqu'il disparaîtra ? Je veux dire l'humain. La créature divine s'éteindra-t-elle avec lui ? Élira-t-elle cette intelligence dite quasi divine dans le règne animal ? Ou pourquoi pas végétal ? Et tous les règnes à la fois, ne serait-ce pas merveilleux ? Ou étranger ? Une pieuvre venue des cieux ? Assurément plus évoluée. En tout cas… Pas dur à concevoir. Hi ! Hi ! Ma réponse, Sourire de Lune, finalement, je crois que l'Amour est divin et que tous croient en l'Amour. Il n'y a pas d'incrédules. Et toi, homme dans une longue quête, que penses-tu?

Je me perdais toujours dans les dédales existentiels, monothéistes, polythéistes, du spiritisme et autres sectes.

— L'humain n'est pas capable de nager seul dans sa spiritualité, il lui faut un objet flottant. Jadis, dans l'ancienne Égypte, sur la terrasse voisine de celle du moustachu, j'ai rencontré un drôle de type, un petit bedonnant avec une couronne de cheveux ébouriffés. Il se disait libre penseur. Pourtant, il vivait dans un environnement spirituel très différent des autres. Comment un tel homme pouvait-il résister à une immersion si dogmatique? Lui, il était comme un poisson dans l'eau nageant librement dans le multivers spirituel. Toujours est-il qu'à des lunes de là, comme si les événements avaient une suite, j'ai fait la connaissance d'une peuplade qui se vantait d'être libre. Ces gens libres avaient lutté des millénaires contre une multitude d'invasions, rejetant doctrines et dogmes envahissants.

Homme libre... Libre penseur! Une brise légère a rafraîchi mon âme. Dans un moment d'exaltation, j'ai vu un monde merveilleux. Je m'identifiais à un libre penseur.

Pourtant bien avant, dans le désert, juste avant de rencontrer les chameliers, j'ai voulu répandre ce merveilleux, créer la religion libre de pensées, au-dessus de toutes les autres. Toutefois, égocentricité et soif de pouvoir m'ont envahi. J'ai changé d'idée et je suis revenu à ma quête de l'étincelle.

Libère la pensée… si dogmatique soit-elle.
Sois libre de tes pensées comme nous,
Mais ne te joins pas à nous,
Sois libre…
« *Le rêve, mon homme, le rêve…* »

— Allez, tu reviens demain, mais avant tout, fais-moi une faveur. Va chez l'aîné de mes fils. Tu auras de la boustifaille et une couche. Ce soir, je dois faire mon devoir envers ma troisième femme. Ma préférée. Hi! Ha! Il faut bien chatouiller le yin et le yang.

— Mais combien avez-vous de femmes?

— Sept! Que la colère de Yahvé me prive du paradis! Je blague… Quatre. Mais quelle immense dot cela m'a coûté, mon homme! Un troupeau de chameaux entier, mon homme.

— Et combien d'enfants?

— Disons une quarantaine et autant de petits-enfants.

— Comment fais-tu, Cordonnier? Tu es de condition modeste!

Le sourcilleux m'a chuchoté du coin des lèvres.

— Les enfants, c'est la richesse. Regarde autour. Mon clan possède une partie sur trois de ce souk. Tu comprends?

Il m'a jeté un de ses clins d'œil espiègles.

— Ma dot commence à se rentabiliser. Ha! Quelques beaux-parents trépassent, et ça me revient tranquillement. Sans parler des dots reçues de mes gendres. Me crois-tu? Et toi, combien de femmes? m'a relancé ce doux cynique.

— Aucune.

— Aucune? Tu as un problème de machin? Que Vénus me refile la gonorrhée! Ah! Ah! T'as raison,

vaut mieux en avoir envie que d'en avoir regret.
Ha !

— De toute façon, je n'ai pas de terre, pas
d'argent et je ne pourrais pas subvenir aux besoins
d'une femme, encore moins à ceux de mes enfants.
Pour cette raison, j'ai été rejeté de certains, car les
vraies valeurs sont dans la famille. Je comprends
ça. Puis la femme qui épouse l'aventurier pour le
merveilleux qu'il représente élèvera ses enfants en
solitaire. L'aventurier restera avant tout un
aventurier.

Les traits de son visage se sont adoucis et ce
Faux Menteur est devenu raisonnable.

— Blague à part, mon ami, le grand amour
n'attend que ton retour.

Ma pensée s'est égarée vers celle qui faisait
battre mon cœur. Plus je m'éloignais, plus j'entrais
en elle. L'absence physique dissipait ses probables
mignons défauts. Son règne s'évaporait. Loin de
mon amour, une étrange perception se dévelop-
pait. C'était l'essence. Comme des dieux, nous
communiquions d'âme à âme.

J'avais accepté la demande de cet homme généreux de crécher chez son fils aîné, qui vivait juste
derrière le souk. Après le repas, mes hôtes ont
décidé d'aller se coucher, me laissant là. Je me suis
rendu dans leur chambre, précautionneusement.
L'homme dormait déjà.

— Où dois-je dormir ? ai-je demandé à la jolie
dame.

— Ici, près de moi.

Je l'ai regardée. Elle était sexuellement consentante. J'étais attiré comme un aimant. Quelle honte éprouverais-je demain après un bref moment d'éternité? Qu'à cela ne tienne. J'ai entrepris. Dans l'extase, elle a poussé un gémissement à tout casser. J'ai ouvert mes yeux. C'est le bêlement d'une chèvre qui m'a réveillé. J'étais sur le grabat, dehors. Le Soleil éclaircissait lentement le ciel. Ouf! Ce n'était qu'un rêve. Au petit-déjeuner, nous avons rompu les galettes de pain. Je regardais le fils du Cordonnier et sa femme en pensant que je détenais un secret. J'ai laissé aller au vent cette mignonne douceur et j'ai rejoint mon mentor.

— Elles sont encore une de plus, a ronchonné le Cordonnier.

— De quoi parlez-vous?

— De ces maudites godasses, mon homme. Celles qui nous coupent de la terre. Écoute! À toujours se protéger, on finira par crever. Des pieds, c'est fait pour marcher nus. Comme des racines, la plante de nos pieds nous relie à notre Mère la Terre, et par conséquent aux nôtres. Ils nivèlent les cœurs. L'humain est comme un arbre, mon homme. Quand il aura coupé ses racines, il mourra… Voilà! Elles sont bien ficelées, tes godasses, tu peux faire un bon bout de rêve.

— Oui, encore un petit bout de rêve… Ou de réalité…

— Réalité? a répliqué le Cordonnier. Regarde autour de toi! Tout ce que tu vois n'est que rêve. Comme cette montagne de godasses, nous construisons nos rêves par-dessus d'autres rêves. Et d'autres bâtiront leurs rêves par-dessus les tiens, et ainsi de suite. Ha! La réalité n'est qu'accessoire, comme si elle n'existait pas dans le tangible du rêve. Si tout n'est que chimères, comment puis-je faire pour stopper ces dépendances, ces convoitises de pacotille qui détruisent? Comment en détourner mon attention pour n'y voir que le plaisir de vivre, le nécessaire?

J'ai lavé mes pieds, puis chaussé mes sandales pendant que l'homme sympathique poursuivait.

— Je te le dis, moi! Je viens de la fin-de-terre, et il n'y a pas meilleure culture de vie que celle de l'Orient. Ici, le savoir fleurit dans chaque fresque de l'âme. Du côté du couchant, ils sont...

— Attendez! Oh! Cordonnier... Attendez un peu! Avez-vous déjà eu une impression de déjà-vu, comme dans un rêve éveillé?

— Meuh... Oui. C'est bon signe, je crois!

— J'ai déjà vu cette scène entre nous. Vous savez ce que je veux dire?

— Absolument! Depuis mon jeune âge, je ressens de brèves sensations extrasensorielles de déjà-vu. Tu sais? De déjà vécu. Dans ma contrée d'origine... Ha... Le malheur et la misère ont détruit tous mes efforts de m'en sortir... Résultat, mon homme, je ne sentais plus ces états de déjà-vu qui, jadis, me faisaient sauter comme par-dessus les temps de ma vie. Enlisé dans la boue de l'infortune, j'avais malgré tout confiance en des jours heureux. Oh! Que ce n'était pas facile de m'en sortir, mais il fallait que je brise ce damné cercle vicieux qui t'englue dans le malheur, celui de l'ignorance.

— Mais comment?

— Par l'inertie, mon homme. Il faut se positionner et rester calme dans le bourbier du malheur. Il faut étudier, être plus curieux. Se mettre à l'horizontale. Tu ne t'emmerdes pas lorsque tu rampes lentement vers des terrains fermes et nouveaux. À vrai dire... Me suis-je sauvé ou ai-je défié ce monstre de bourbier? Quoi qu'il en soit, le premier geste a été le pire à accomplir. Puis, comme par enchantement, la boue s'est transformée en or. J'ai cheminé sur la route de ma vie. Encore enlisé, mais dans une bonne quantité d'or que j'appelle l'Amour. Avec l'Amour sont revenus ces effets agréables d'outre-dimensions. Ha! Oui, ces déjà-vu sont de bons présages, mon homme.

— C'est de la magie médicinale intellectuelle alors?

Il a fait un signe de travers avec sa tête, comme pour exprimer une négation pleine de doute.

— C'est le rêve, mon ami, c'est le rêve! La vie n'est qu'un rêve. Nous perdons le fil d'une conversation intéressante.

— Oh ! Désolé, Cordonnier... Je vous ai coupé.

— Euh... De quoi parlais-je ? Je ne me rappelle plus. Hum ! Où en étais-je ?

— Vous disiez quelque chose comme « un savoir fleuri » et des « fresques ».

— Ah oui, voilà ! Ha ! Hi ! La fin-de-terre, loin au couchant, est mon pays d'origine. L'arrogance leur dicte que le monde doit être comme eux pour qu'ils en soient les maîtres. Cette forme d'égocentrisme cache qu'ils sont Univers. Le peuple vit dans un isolement fait d'une effroyable ignorance. Comme un esprit vivant dans un trou noir. On y remarque un paradoxe. Les gens différents sont martyrisés et quand ceux-ci détiennent le pouvoir, ils martyrisent les infidèles à leur tour. Ils font des razzias pour étendre l'empire de la croix, ce qui, à mon avis, va finir par dévaster le monde. Écoute ce mec, là-haut. Il est encore dans le minaret à louanger son paradis pendant que l'autre balance les cloches. Pauvre paix traquée dans ces luttes cacophoniques. Je m'en bouche les oreilles et je fais un vœu : que toutes les tours de la foi, du jour ou de la nuit, se taisent et se mettent au diapason du silence divin. Qu'elles prennent une retraite bien méritée, si traditionnelle soit leur présence dans le culte de l'humain, si écrite soit-elle dans les livres sacrés. Dieu répondra à nos prières silencieuses en nous accordant plus de paix entre nous. Pourtant, c'est la croix, avec l'humain en son centre, qui invite aux quatre directions. Les cinq points. L'ouverture, la curiosité, le rêve !

Le Cordonnier, volubile, s'est planté solidement debout sur son monticule de godasses en s'exprimant comme un orateur grec:

— Et s'il y a un dieu, alors qu'il nous promette le paradis des poussières de matières et des poussières de lumières. Je fais comme un revers qui est un pas en avant, vers l'Amour pur que je rêve d'éterniser. Silence! Toujours, le silence!

Franchement, je méditais pendant que le sourcilleux s'écoutait parler.

— Euh... Vous êtes époustouflant, Cordonnier, vous êtes un érudit.

— Ah! Ah! Attention! Je t'ai dit que j'étais un canular. Ha! Va vers le levant, mon ami. Paradoxalement, malgré les récents massacres par le fer et le feu du redoutable empereur, tu trouveras la paix en traversant son immense royaume. Les marchands cheminent du couchant au levant pour le négoce de la soie, de l'encens et des épices.

Mais le vrai échange, celui du savoir, se fait entre l'Arabhiah, l'empire du Milieu et les nations du plus grand océan. On dit que le savoir voyage loin sur la mer, où il se rencontre de temps à autre, et qu'il va jusqu'aux mondes des deux grands continents d'en haut et d'en bas. Prends ce petit sac de cuir muni d'une lanière, je l'ai bien cousu. Accroche-le à ton cou et apporte-le jusqu'au milieu du grand océan bleu. Remets-le à celle qui a la peau foncée et les cheveux crêpelés.

VII

Le rendez-vous des maîtres

UN PEU AILLEURS À HOTU MATU'A, PACIFIQUE
- 454 ANS

Mon pèlerinage parmi différentes croyances se continuait et je voyais qu'il n'y avait pas de place pour la libre pensée chez ces peuples qui m'immergeaient. Pas de vide, à part mes moments de solitude. J'aimais la quiétude du vide, cela me permettait de respirer la vie et de me connecter aux grands maîtres du monde.

J'ai croisé les pas d'Ibn Batouta le Berbère, le plus grand pèlerin de tous les temps. Il me raconta ses péripéties de voyageur de Tanger jusqu'au Moyen-Orient et ses navigations sur le littoral est-africain. Au moment de notre rencontre, il arrivait du centre de l'Asie, le cœur du savoir.

J'ai connu le pays du Bouddha et ses enseignements sur les poisons de l'esprit : l'avidité, la colère, l'ignorance et la jalousie. On parviendrait au nirvana en se libérant de ces poisons. J'ai vu aussi le pays de Shiva, le dieu aux quatre bras pointant les points cardinaux. Et j'avais encore de la misère à assimiler le choc. Pourquoi ces Hindous végétariens si doux mangeaient-ils si piquant ? C'était délicieux, mais ça brûlait la bouche comme des milliards de brillances. Et la sortie... Ils étaient un peuple pointu comme un silex. Pointu à cause des chants aigus des femmes, des couleurs vives, de la richesse de sa culture, de son extrême variété sociale et de la forme de son sous-continent. Pointu mais pas obtus, car ouvert sur le monde. Ces gens n'avaient pas d'églises, ni de fondateurs, ni de prophètes, ni de dogmes centraux. Il était là question de tant de dieux et je trouvais inspirant le principe des cycles. Un sadou au visage et au corps peint de blanc, de rouge et de jaune m'enseigna les trois principaux dieux : Brahma le créateur, Vishnu le conservateur et Shiva le destructeur. Voilà le cycle bouclé et rien de ceci n'est mal dans ce monde.

J'ai traversé des pics neigeux aux hauts plateaux et j'ai mouliné des prières en vivant avec des moines. Puis j'ai traversé l'empire du Milieu, celui des maisons de bambou. Encore une fois, les gens de là-bas avaient une culture très différente. J'ai demandé à un homme quelles erreurs de comportement je devrais éviter lors des repas. Il m'a répondu bravement : « *Ici, tu peux cracher, péter, roter, faire du bruit avec ta bouche, même te décrotter le nez. C'est comme tu veux, on s'en fiche.* » Pourtant, à cette époque des grands khans, cet autre centre du monde possédait le plus grand pouvoir jamais vu.

Ensuite, j'ai marché jusqu'aux confins de l'empire, là où la terre touchait la mer la plus grande. Là, autour de moi, les gens tiraient de grandes nattes tissées de roseaux pour attraper du poisson. Ils étaient dévêtus, tout comme ceux de mon village. La mer était la mère, disait-on, elle était généreuse, fertile avec le meilleur géniteur nu qui se trouvait face à elle. Ce soir-là, les pauvres géniteurs étaient revenus bredouilles de leur pêche. La magie de la légende s'était envolée. Mais moi, j'étais euphorique. Je devrais traverser de l'autre côté de la grande mer.

J'ai regardé en arrière pour que le vent véhicule un au revoir à tous ceux dont j'avais croisé les pas. Mais ils ne me répondirent pas. Ils étaient déjà trop loin dans l'espace et le temps. Ce temps qui fuyait derrière moi comme un voleur de souvenirs. Comment pouvais-je rattraper ce temps? Mais mes souvenirs n'étaient pas tout à fait perdus, et cela me rassura d'entreprendre une nouvelle étape de ma quête.

Le Vieux Grognard m'avait tant parlé de ce moment extraordinaire avant que le souffle ne sorte de lui pour toujours. Son message me disait que j'étais sur la bonne piste pour suivre ma quête. « *Au loin, de l'autre côté, sur l'une des cinq grandes terres, tu aborderas une côte dont les eaux ont une étendue encore plus immense que l'immensité.* » J'ai plongé mes doigts dans l'eau du plus grand océan et son goût quasi saumâtre m'a surpris. Cette eau, je l'ai portée à mon front comme j'avais coutume de le faire avec les grandes eaux que j'abordais. Cela me nettoyait et m'unissait à quelque chose de très grand, que je n'appréhendais pas. Puis j'ai regardé longuement l'horizon, où m'attendait un autre épisode de ma vie.

À partir du Nihon et des Thaï, et jusqu'aux mondes des grands continents d'en haut et d'en bas, nous avons galéré sur de longues pirogues à balancier chargées de porcs, de quelques chiens, de volailles et de grains. Nous nous relayions aux pagaies de temps à autre, laissant de longs sillons derrière nous.

Nous étions guidés par les dauphins, les frégates et les astres, comme si chacune des étoiles était une île. J'avais le temps de réfléchir et de me libérer des distractions malsaines. Je choisissais mes pensées comme on pêchait les meilleurs poissons en évoluant sur cette planète d'eau. Elles étaient l'essence de ce que je produisais.

Au gré des grands courants marins et des vents doux, nous sautions de lune en soleil, d'île en atoll, jusqu'aux riches lagunes composées de vert exubérant, de sable blond et de calme turquoise. Les îles se laissaient envoûter par les chansons douces des insulaires. Et nous pagayions encore et encore sur de grosses mers tellement troubles que certains d'entre nous s'engouffraient dans les entrailles de la mère pour renaître.

Durant les accalmies, je m'amusais à explorer ces constellations de petits paradis. Mon sentiment était toujours pareil quand je venais marcher sur le littoral tranquille. Il montait en moi un profond respect pour la mer. Elle faisait toujours voyager mon esprit dans des univers de vagues frontières, comme si ma petitesse se mêlait à ces univers imaginaires, comme la rivière d'eau douce qui mourait en s'immergeant dans son ventre pour devenir océan. Je mourrais pour devenir univers, pour devenir rivière. Voilà la vie éternelle. L'Univers vit.

Je contemplais l'opulence des coraux multi-colores qui dansaient paresseusement sous les ondulations du cristal liquide. Le fond du ciel révélait une magnifique crinière chaude rouge-orange-jaune qui flottait dans le vent. La Lune me souhaitait déjà la plus merveilleuse des obscurités chargées de rêves. Quel sentiment de splendeur et de liberté s'attardait dans l'éter-nité! Je contrôle mon temps. Je me suis endormi sous la paisible mélodie des vagues pour rece-voir à mon réveil le cadeau d'un petit matin parfumé et souriant.

Nous avons touché une terre, celle de la civi-lisation avancée, trop avancée pour deviner que sa mémoire était déjà écorchée par les vents et les humains, écorchée comme le rude tuf volca-nique de cette île. J'avais eu vent que toutes les civilisations avaient un lien entre elles, mis à part celle d'un continent barbare à l'orient de la mer Atlan boréale. Mais ici, en plein milieu du grand océan, pas d'empreintes, rien d'écrit pour la connaître, seulement quelques pétroglyphes, des plaquettes indéchiffrables et des dizaines de statues géantes. Venaient-elles du culte des ancêtres? Du ciel? D'une civilisation perdue dans l'espace? Visiblement, toute l'énigme était bien enchâssée dans la tête des statues géantes plantées comme des sages guettant sans fin les moindres mouvements dans l'Univers. Pour certains d'entre eux, rien d'autre n'était en face, que le ciel et la mer. Jour après nuit.

Comme par un heureux hasard, d'autres pirogues ont accosté. Des gens d'autres ethnies et des navigateurs insulaires en sont débarqués. Nous nous sommes retrouvés cinq étrangers pour autant de coins du monde. C'est là que j'ai deviné qu'un appel commun nous avait guidés vers le plus lointain lieu mystique.

Les jours suivants, nous avons longuement arpenté l'île en apprivoisant nos langages. Il y avait le barbu roux de la grande région boréale, la sérieuse crêpelée du continent austral, l'homme aux yeux en amande venu de l'Asie et la marronne au nez aquilin, qui arrivait d'un long désert bordant l'océan du grand continent d'en bas. Et moi, avec mes petites oreilles, originaire de l'Afréiriah. C'était tout un portrait !

Nous, les cinq pèlerins, nous nous retrouvions souvent assis en rond, sous l'abri ajouré au toit de palme. Nous nous enivrions des connaissances inspirantes que l'on étalait amicalement. Nos vibrations dansaient chaque fois dans le feu des flambeaux plantés autour. Nous cherchions à comprendre le temps.

Ce soir-là, assis sur le tapis tissé de roseaux, chacun de nous s'est mis à gazouiller un air de son propre patelin. C'était magique.

— Le temps est un espace où les corps se meuvent. Ils respirent dans un va-et-vient comme un geste d'amour, a fredonné l'Asiatique.

La nasillarde marronne a mâchouillé une curieuse question.

— Je me suis souvent demandé s'il y avait des espaces sans temps. Qu'en pensez-vous, amis savants ?

J'avais évité de justesse une de ses baffes. Elle était drôle, elle s'exprimait avec de grands gestes qui la faisaient s'envoler. Sa main mimait gracieusement une vague sur un océan.

— Il est vrai que l'on allie souvent ces deux réalités. Laissez-moi réfléchir… Ma vie est un voyage influencé par un voisinage où chaque région possède ses propres cadences, comme les vagues disparates qui distinguent une contrée marine d'une autre. Tout ça n'est qu'ondulation. Le vide, les choses, la vie et l'amour donnent une personnalité à tout. Dans certaines contrées, je me suis senti bizarre, pas à l'aise du tout, contrairement à d'autres où je respirais la paix. Ces sentiments faisaient pulser mon cœur et pour qu'il ressente ces vibrations, il fallait un temps et un lieu. Alors à mon avis, l'espace et le temps sont indissociables.

— Oui ! a enchaîné le roux poilu. L'endroit où nous vivons bat au rythme de son expansion. Il se trouve dans le ciel des temps à vitesse variable auxquels des vies pourraient s'adapter. Les soubresauts de sentiments seraient régulés par le rythme maître.

Bon... J'entendais penser... Étais-je hors contexte ?

— Non, non, vous avez raison, il y a plein d'émotions entre nous, le sujet est très pertinent, lui dis-je.

La ténébreuse nous tirait des grelots de rire stridents. Le roux, lui, s'emballait à peine, et avec raison, car elle était vraiment énervante.

— Non, mais j'espère que vous me comprenez ! Et vous me dérangez, madame, avec votre rire insignifiant, lui a-t-il dit d'un ton endiablé.

S'en est suivi un silence froid.

— Je suis désolé, s'excusa-t-il. Voyez-vous, les autres vies dans notre univers-maison pulsent à peu près à notre rythme, n'est-ce pas ? Qu'elles soient solides ou lumineuses. En principe, l'être humain pourrait communiquer avec d'autres entités comme nous le faisons ensemble, ou presque, dans la diversité de nos origines. Par contre, il y a d'autres microcosmes dont le rythme est en pause, en silence, comme en transition vers le temps descendant.

— Oui, le temps descendant, a lancé la chagrinée crêpelée. L'énergie s'anéantit sous sa puissance. Voyez ! L'autre jour, le vent a charrié mon amour et le temps s'est écroulé. J'étais enfouie sous une peine lancinante.

La marronne lui a coupé net ses trémolos, voulant éviter un triste effet sur les autres.

— Ne t'en fais pas. L'amour revient toujours.

— Mais j'ai l'amour, a-t-elle dit.

L'autre a repris :

— Les univers se jouent dans une suite de cadences.

Elle avait fripé un tissu dans sa main.

— Imaginez une mer placide qui, d'un coup, se ride serrée en se rétrécissant en un seul point.

— Oui ! Tout à fait ! lança l'homme d'Orient. Chaque individu fait partie d'univers semblables à des raisins dans la grappe géante. Imaginez que certains se compressent et que d'autres se dilatent.

Je les ai interrogés doucement en dérangeant un silence pensif.

— Dans l'état évolutif où nous nous situons, nous serait-il possible de voyager dans d'autres univers et de nous mettre à leur diapason ?

— Probablement ! a affirmé la majorité, tandis que la sérieuse devenait soupçonneuse.

— Il faudrait accepter pour se mettre en réceptivité. La réceptivité est le premier état pour apprendre à émettre.

Nous nous étions laissés sur cela, car au petit matin, nous devions participer à la fête de la levée d'un géant moaï pour sa marche jusqu'à son lieu éternel. C'était le dernier.

Le géant était entouré de câbles que nous avons manœuvrés. Il avançait en ondulant sagement à la cadence des chansons des insulaires. Il allait étudier l'Univers pour l'éternité, comme si lui-même ne pouvait pas l'appréhender.

Celle qui ne riait jamais a affirmé :

— Cela demande une grande ouverture de cœur et d'esprit pour bien recevoir les ondulations messagères exotiques. Nous sommes un être-antenne sensible et dans certains cas, il faudrait se couvrir d'un accoutrement protecteur de temps inhospitalier lors de ce voyage dans le ciel.

La femme du désert s'exprima en ne lançant plus de grelots rieurs.

— Que penser des grands échanges? l'a questionnée l'Asiatique. Faisons la simulation allégorique d'un échange culturel intercosmique, d'accord?

La femme du désert a réfléchi un peu, et j'imaginais des êtres intenses tenant un bref cycle de vie et d'autres, plus dilatés.

— Bien… À l'entrée de ce monde étrange, hors du diapason de mon monde, je ne pourrais pas supporter une vitesse temporelle trop lente ou trop rapide. Un stress fatal s'établirait dans mon cœur – le physique – et mon esprit – le mental. À l'inverse, si mon vis-à-vis venait me visiter, le même stress le ferait mourir quand il passerait à mon monde. Cela me rendrait bien triste.

L'inexorable temps coulait sur cette île pendant que nous vagabondions dans ces discussions curieuses venues de l'imagination et du vent. Un soir, j'ai partagé avec mes quatre amis une histoire de mon passé.

— Ça me rappelle Jasy, dans une époque préhistorique. Curieusement, il n'y a pas de préhistoire, car les pierres racontent l'histoire. Il y avait une pierre pleine de signes qui me fut racontée par cette fille merveilleuse, mais elle m'avait dit tant de choses. Oh, Jasy… Une fille si adorable. J'en ai des frissons lorsque je pense aux souffrances qu'elle a subies. Elle venait tout juste de m'enseigner les messages contenus dans les pétroglyphes et de me montrer l'écorce de l'arbre carbonisé. Elle m'avait alors raconté une chose étrange d'une voix serrée par la douleur : « À la brunante, une créature diabolique tout enveloppée de flammes fit son apparition. Hystérique, elle hurlait à mort en s'agrippant fiévreusement à ce gros arbre. Les témoins qualifièrent l'horrible scène d'apparition d'un esprit maléfique. Puis la chose disparut soudainement, laissant de profondes écorchures sur l'arbre carbonisé. » Jasy était visiblement troublée. Elle pleurnichait en disant que c'était une malédiction diabolique. J'ai pensé un moment, puis je lui ai dit : « *Oh ! Honnêtement, je ne crois pas que ce soit l'esprit du mal. Nous savons que l'Univers est Amour dans sa création. Il n'y a pas de représentation du mal autrement que dans l'Esprit, et seul l'humain peut l'en extraire. Ce n'est qu'un concept humain et normal du mal. Non ! Il ne faut pas avoir peur.* » C'était un ami voyageur venu d'un autre monde, il était coincé. Au lieu de le soutenir en ouvrant notre Esprit, nous avons manifesté de la peur, et la peur tue les autres. Elle tue les bonnes occasions.

Je suis revenu de l'histoire de Jasy au moment présent. Le barbu roux a ajouté :

— Je cherche à faire des découvertes, des visites étranges, des expéditions non imaginées. J'ai tant besoin de fantaisies, de partir ailleurs pour me nourrir. Je suis attiré par l'ailleurs.

J'y avais pensé, seul dans le désert.

— Serais-je prêt, de mon vivant, à visiter des mondes extraterrestres ou attendrais-je seulement après ma mort ? Que puis-je faire maintenant pour être le bienvenu parmi eux ?

Tous les cinq, nous avons médité un moment.

Peu à peu, ces gardiens du savoir ont attrapé leurs pirogues et sont repartis, certains pour rentrer chez eux, d'autres pour continuer leur quête. Nous avions fait un pacte. « La haute connaissance ancienne doit demeurer dans la mémoire des statues géantes, car l'humain n'a pas la maturité pour manipuler autant de pouvoir. »

Avant que la sérieuse du continent austral n'embarque à bord, j'ai décroché le petit sac de cuir du Cordonnier de mon cou et, de mes deux mains, je le lui ai présenté. Son visage s'illumina.

— Hélas ! a-t-elle dit en pouffant de rire. Ça vient du mage Cordonnier ?

— Oui ! Mais… mais je ne savais pas qu'il était vraiment un mage, ce Faux Menteur.

Elle embarqua dans la pirogue et en s'éloignant de la rive, elle me cria de toutes ses forces :

— C'est à toi qu'il l'a donné…

Je regardais la couronne de nuages au-dessus de l'île et les belles grandes pirogues-dragons qui emportaient les insulaires, laissant derrière eux les mystères de l'île aux statues géantes…

Ils ne sont jamais plus revenus, et moi, je croyais que j'allais bientôt franchir le dur tranchant du silex pour passer de l'autre côté.

J'ai appris le rêve, la liberté de penser, le contrôle sur le temps, j'ai réfléchi à ce bon Cordonnier et à ces maîtres qui m'ont tant appris et qui voulaient tellement que je m'accomplisse. J'ai franchi une étape importante, je le sais. Mais une étape est le point final d'un seul manuscrit de la série qui compose la vie ; il n'est pas une fin en soi, mais un savoir de plus pour prendre une nouvelle route. Maintenant, je suis muni d'un bagage intellectuel énorme sur les valeurs, les cultures, les croyances, les mouvements politiques. Mais là, ce qui m'intrigue le plus, c'est l'accroissement du nombre de ceux mon espèce. J'ai hâte d'explorer et de vivre face à son développement. Je veux respirer plus que jamais l'essence de sa vivacité et voir jusqu'où il ira. Jusqu'où j'irai.

VIII

Le superprédateur ultime

TRÈS PROCHES, EN ASIQUAINIE + 128 ANS

J'avais eu l'honneur de passer quelques nuits sur un banc de parc avec une sans-abri. Pourquoi se contenter d'un hôtel cinq étoiles lorsqu'on peut dormir gracieusement sous un ciel diamanté. Okikö m'avait dit aussi que la rue nous montrait le monde tel qu'il était. Quand on se positionnait en marge, ce monde apparaissait d'une limpidité égale aux détails des pierres et des alluvions au fond du ruisseau sauvage. Elle m'a raconté l'histoire d'un homme: «*Il était une fois un homme qui avait trimé dur pour développer des choses pour les autres. Autant il avait accumulé de choses, autant, à l'usure, il était devenu une chose.*

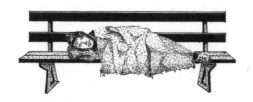

Alors d'autres, ceux qui avaient un cœur, voyant bien la chose, décidèrent de s'en emparer. Après tout, il était normal de convoiter les choses. Ils besognèrent tellement fort qu'ils obtinrent toutes les choses de cet homme. Mais pour cela, ils durent troquer leurs cœurs.

Malheureux, pris dans le piège à choses, ils prièrent le vaillant déchu de leur donner la recette de son bonheur, car insatisfaits, ils voulaient s'emparer de son contentement, celui qui nourrissait si bien son cœur. Il leur dit : "Depuis que j'ai perdu mes choses, je ne vois plus la chose comme avant. Plus personne ne peut prendre mon cœur, car il est libre. Ainsi, les cœurs et les choses viennent à moi facilement." »

Je n'avais plus de ressources et je continuais à en mourir dans la dure vie que je menais de peine et de misère De ces humains, combien étaient au service des choses ?

Ça me rappelait l'époque de l'empire du Jeune Pharaon. La vitesse à laquelle il fallait imaginer les choses m'avait frappé. Malgré cela, les mégapoles ne m'impressionnaient plus. J'avais observé les progrès technologiques phénoménaux faits en seulement deux siècles d'industrialisation. Ça m'avait paru un amalgame de magie et d'esclavagisme où l'on rêvait vainement de saisir les technologies salvatrices. Impossible d'en sortir, tant l'agressivité hormonale était reliée au pouvoir du pécule. Certains se cachaient même derrière la politique pour faire leurs croisades, tandis que d'autres utilisaient le djihad pour faire leur politique.

Ils disaient que les guerres accéléraient les progrès technologiques et économiques, mais c'était au détriment certain de l'autre progrès, le vrai, celui qui élevait la conscience. Assurément, la paix n'avait pas besoin d'argent.

C'était la guerre contre la pauvreté qui me chicotait encore... Pourquoi les démunis souffraient-ils toujours?

Un jour, je me suis réveillé dans une gare où j'avais passé la nuit, la froidure étant insupportable à l'extérieur. J'avais alors sauté en douce dans un train pour m'échapper une millième fois. Il filait sur de doux coussins d'air. Je pensais au destin, aux cristaux qui m'avaient fait choisir cette route lorsque j'étais au delta du grand fleuve, là où j'avais été informé de la mort du Jeune Pharaon. Lui, c'était dans une autre vie. Mais une vie à traverser les époques, où cela allait-il me mener? En relaxant à haute vitesse, j'ai un peu grignoté ce qu'il restait dans le fond de mon sac. La vitre reflétait un visage impassible sur lequel se superposaient édifices, tunnels et ponts qui semblaient tomber au rythme de cette vitesse qui tue. Et encore des questionnements...

S'il n'y avait pas de hasard dans l'Univers et que tout se faisait selon un ordre, une destinée, j'osais bien croire que j'avais un brin de pouvoir sur cette dernière. Et la destinée versus l'évolution? L'évolution versus le progrès?

Quel progrès? En parallèle, l'humain a court-termisé son intelligence au point qu'elle s'est effondrée sur lui. Ce fabuleux progrès était sa propre conception du temps qui s'écrasait comme un paradis terrestre piétiné. Suis-je tellement sous-doué pour anéantir et chercher sans cesse ? Un peu d'espoir : c'était le même temps qu'il y a des millions d'années, quand la nature avait le temps de penser.

Je suis sorti du train à une gare quelconque. Je voyais ces gens à court de ressources, toujours en dette de temps dans ce tourbillon, alors que rien ne servait de courir pour des raisonnements puisque tôt ou tard, l'émotion rejoindrait la raison. Ils étaient fourbus. L'émotion est montée dans ma poitrine, et j'ai crié en crachant de toutes mes forces dans cette foule indifférente :

— Humain piéton que tu étais, rappelle-toi que tu marches depuis des millions d'années, que tu marches depuis l'âge d'un printemps, qu'avant de guider les véhicules, les chemins se marchaient. Retrouve le courage de cheminer par le plus respectable moyen : à pied. Retrouve le respect de toi-même en laissant évoluer ton kilo et quart de matière grise en harmonie avec ton corps.

Je l'ai vu évoluer de territorial nomade à territorial sédentaire à territorial virtuel. Pour autant, je me suis demandé si vraiment la théorie de l'évolution était un schème de pensée fixe. Serait-elle un dogme ? J'ai fait une rétrospection.

Résultat : je ne devais pas laisser de chance au sectarisme virtuel de cet *homo sapiens*, afin que ce dernier puisse explorer les recoins exclus de l'Univers.

Pas la moindre couleur chaude de jaune ou de rouge ne s'annonçait avant le crépuscule, le ciel étant bouché d'une fine couche de smog blanc. Alors, j'ai décidé de monter sur le belvédère de la plus haute tour. J'ai scruté l'immensité de la mégapole. La brise chaude de l'hiver sifflait et éparpillait mes cheveux. Près de moi, une petite fille grimpait sur un système de tubes froids faits pour jouer. Jadis, les enfants grimpaient dans les arbres en riant, ils exploraient leur nature et mangeaient leurs fruits. J'ai entendu la mère qui réprimandait sa petite fille. Elle tenait son ourson rose en grimpant habilement d'une main.

— Attention, tu fais des bêtises !

J'ai regardé la petite qui s'est crispée. Sa mère l'humiliait devant moi, ma foi… Des petites larmes dégoulinaient sur ses pommettes. Je pense que « bêtise » vient du mot « bête ». Je leur ai raconté l'histoire d'une maman ourse qui disputait son petit qui ne respectait pas la nature. La maman ourse lui disait : « *Tu fais des humanises, arrête ça !* »

Mais les ours, c'était jadis, c'était fini. Ils ont été éradiqués de la planète. L'extinction de masse est survenue trop vite pour que la désextinction ne soit efficace.

La mère a vu mon regard surpris et m'a abordé avec des paroles qu'on répète trop souvent.

— Désolé, monsieur, les enfants ne sont plus ce qu'ils étaient.

Incroyable! Elle me parlait directement, bien que pour converser, l'humain s'était maintenant entouré d'écrans qui ne sollicitaient que deux de ses cinq sens. Personne ne parlait plus à personne directement. Il y avait de quoi déboussoler nos repères vitaux. La Petite Vieille échevelée m'avait dit quelque chose là-dessus, et j'ai fait la morale à la maman.

— Les anciens recevaient par la poitrine et redonnaient par le cœur, comme nos frères les animaux le font. Ce qui était dans la tête avait peu d'importance. C'était par où on respire que les Esprits messagers entraient et frappaient dans le creux intérieur en donnant une impression. Comme les frappes rythmées des mains sur des peaux tendues ou des bois creux que l'on cogne l'un contre l'autre. Ces vibrations étaient l'expression de nos joies et de nos souffrances.

La femme m'a regardé d'un air circonspect, semblant se demander de quoi je me mêlais. J'ai fait un clin d'œil à la petite. Les nuages de son cœur se sont dissipés et elle m'a fait un sourire ensoleillé.

Le soir, devant le panorama de la mégapole, je pensais à cet *homo* qui s'immunisait contre son propre instinct de préservation, pour le peu qu'il possédait. Je regardais le ciel et les lumières des véhicules volants qui remplaçaient les brillances. Les milliards de lumières s'étalaient jusqu'à l'horizon, comme si toutes les étoiles du firmament étaient tombées en s'empilant les unes sur les autres, formant d'immenses gratte-ciels. C'était le signe de l'insatiabilité de l'humain envers les choses matérielles prises à ses frères natifs.

Jadis, un ami des Premières Nations m'avait demandé de passer un message. « *Cela nous fait plaisir de vous aider dans votre quête de matériel et de terre. S'il vous plaît, laissez-nous une part de ce que vous nous prenez. En retour, nous vous enseignerons comment aimer la nature.* »

Nostalgique, je me le suis répété comme les vieux d'antan.

Dans notre temps, on avait les nuits noires et les nuits claires de lune. Le ciel des ténèbres n'avait pas besoin de lumières, car il dormait. J'aimais cette paix nocturne où les décors s'éteignaient, où la vision se rétrécissait pour ne voir que l'intérieur. Si je disais ça, c'était sûrement que j'étais âgé. Voilà, je me complaisais dans mon temps, dans une époque révolue… La petite et la maman étaient encore là, sur ce gratte-ciel géant.

— As-tu des petits frères et des petites sœurs ? ai-je demandé à la fillette.

— Non, monsieur, parce que je n'ai plus de papa.

Sa maman m'a regardé d'un air gêné. J'ai cru lire sur ses lèvres et dans ses yeux une séparation brutale. Moi, je pensais à la mienne, à ma séparation. Malgré ce fond de grisaille, je m'efforçais de m'accrocher aux rares poussières de bonheur et j'ai marché et marché sur des distances de solitude.

Un jour, pendant cette marche, alors que la pluie chaude trempait mon visage et mon corps, je me suis abrité sous un pont. J'ai pris des pierres siliceuses et j'ai fabriqué des outils tranchants.

Je dégrossissais toujours mon malheur en cassant des cailloux pour en faire ressortir la joie de l'accomplissement. Au moins, la pierre de silex, une fois taillée, donnait un sens à ma vie.

Je cassais aussi des noix avec ce silex, je n'avais rien d'autre à faire. J'ai jeté un œil à la pluie qui tombait. Journée maussade. Plusieurs peuples aimeraient cette journée de pluie de vie. Hier, quelqu'un m'a dit que l'eau nous unissait tous. C'était vrai. L'eau, ce cristal liquide des cinq mystères : de vapeur chaude à liquide, de liquide à cristal glacé. Et les transitions, ça compte aussi. Du néant à la vie, de la vie au froid de la mort. Le même H2O.

Dès l'enfance de l'humanité, j'ai pris conscience de mes besoins de base : manger, dormir, m'abriter, me cacher. Puis je me suis interrogé. Comment ceci ? Pourquoi ceci et non cela ? Ensuite, à l'âge adulte de mon évolution, j'ai établi ma supériorité. J'étais le superprédateur ultime. Je suis devenu arrogant. Mais je ne me voyais pas ainsi, au contraire. Le coupable, c'était moi aussi, et pas seulement les grandes corporations au comportement abusif : elles ne faisaient que servir un marché, exactement comme les criminels de la drogue le font.

J'ai marché sur de longues distances, et mes yeux ne saisissaient rien du paysage. Mes amis d'enfance sont venus visiter ma pensée comme dans un *flashback*. Cela m'a rendu heureux. Avec mon bon ami Dogo, nous entrelacions le sisal sur le silex à la lumière du feu. Je pensais encore au bon Vieux Grognard, à la tendre Pouilleuse, à la forte Matriarche et à la jeune dame toute vêtue de noir qui voulait me marier. Ça me fit sourire. Je pensais aussi à l'aimante Jasy, au Jeune Pharaon, à l'histoire de l'enfant de Nulle-Part et au Cordonnier. Mais surtout à la jolie jeune fille aux yeux verts. Pourtant, je n'avais jamais vu son visage, caché sous une couche de boue rouge et d'ocre jaune. Elle non plus, d'ailleurs, n'avait jamais vu mon visage. Il était blanchi de craie pour éloigner le mauvais Esprit.

Je passais devant des mégacentres de santé farcis de malades qui avalaient des panacées à la tonne au lieu de cultiver une saine coutume de vie. Un vague souvenir m'est revenu... Jadis, dans les temps perdus, les souffrances et les maladies ne s'éternisaient pas, les gens mouraient. Une image a surgi dans ma tête, celle de la peur de trop mourir... Comme si on pouvait mourir plusieurs fois. Les gens étiraient la souffrance et certains voulaient s'autoanéantir avant l'heure. Il y a longtemps, on ne voyait jamais de malades, la nature ne tolérait pas le déséquilibre. Il n'y avait pas plus de morts, car jadis, on ne mourait qu'une fois par personne.

Je me baignais dans des visages tristes et austères, dans des yeux impassibles aux regards sournois. Les seules apparences joyeuses que je distinguais étaient des sourires commerciaux. Vies robotiques qu'on fabriquait à son image, machines humaines machinales que l'on remontait au petit matin, programmées et organisées. Tout était logique, même l'émotion.

Ici, dans ce monde développé, j'étais complètement stupide, j'avais perdu la faculté de penser. J'étais un consommateur de pensées pareilles, de

musiques pareilles qui résonnaient inlassablement dans ma tête. Et ces voyages en boîtes de
conserve pour gringos. Lisez l'étiquette, pas de
surprises : navettes de gringos, hôtel de gringos,
sites, plages, manèges pour exciter les gringos
épuisés, puis retour à la case départ, face aux
écrans. Regardez-vous, gringos ! Ne vous décon-
nectez surtout pas de ce qui se passe hors de vous !

Je voyais clairement l'or, l'argent et les pierres
précieuses qui étaient gobés aux Premières
Nations, et je me demandais pourquoi on les
disait pauvres si on en dépendait. Ces trésors passaient aux mains de négociants avares, puis à
celles de pirates pour revenir aux négociants tor-
dus de bonnes intentions. Ces valeurs continuaient
leur marche vers les sanctuaires fiscaux des montagnes et des îles paradisiaques. Elles revenaient
bénies sur les marchés pour en entraîner d'autres
dans ce pèlerinage vicieux. C'était une gangrène
qui mangeait une enfance vulnérable en l'arra-
chant à sa Mère la Terre. Ironie du sort, les grandes
organisations d'aide à l'enfance étaient établies
dans ces paradis. Ça paraissait bien, un enfant sur
le front d'une propagande, même si on était
abuseur par derrière. Pauvre Mère la Terre, pourquoi avoir enfanté ? Pourtant, à poings fermés, on
avait réussi à sortir la religion de la politique. Il
fallait faire un bout de plus, sortir les affaires de la
politique. Nos yeux encastrés dans des orbites
bouchées voyaient des minables dans les pauvres.
Riches peuplades sans argent, propriétaires de
l'Univers et du temps, alors que l'endettement de
temps rendait l'argent caduc. Et nous allions tous
crever un de ces jours ! L'envahisseur, c'était moi,

l'humain, le coupable destructeur par mes banals actes journaliers.

Ici, il ne fallait surtout pas parler aux étrangers. La xénophobie était partout, partout, contre tous. Moi, homme bon qui saluait poliment les enfants comme on le faisait toujours avant, serais-je taxé d'étranger dangereux et pervers ? Pourtant, les soupçons et le racisme se guérissaient généralement bien. Quelques injections de rencontres avec ces types allergènes nous soulageaient plutôt efficacement.

Submergé de visages froids dans cette chaleur crevante du large boulevard, j'ai attrapé un message qui virevoltait comme un vagabond errant. Bizarre ! Encore un acte du vent… Je l'ai défroissé. D'un côté apparaissait une jolie photo de notre planète azurée. Au verso était écrit à l'encre bleue délavée quelque chose qui m'a étrangement touché. Je me suis assis sur le bord du trottoir pour casser la croûte au son des pas des passants et des roulements des chaises à moteur.

En haut de cette lettre perdue étaient dessinés des animaux entourés d'une verdoyante nature. Il était évident qu'un artiste naïf les avait coloriés. Voilà, je te lis cette lettre.

Un monde en sommeil et un autre en réveil

Un jour, tous les humains devinrent fatigués d'une longue bataille. Dans les bureaux, les ingénieux ne résistaient plus aux longs bâillements. Les paysans trouvaient bien confortables les lits de foin séché. Même ceux qui ronflaient y allaient plus profondément. Pour l'éternité.

Soudain, silence! Le tintamarre des villes et des industries s'était tu.

Bien triste était la disparition d'une espèce. Une es-peste-humaine, dirait-on! Après tout, ils disparaîtront un jour, pensèrent les autres.

Les autres? C'était la nature. La Mère la Terre. La Conscience. Et elles décidèrent qu'elles étaient capables sans lui.

L'intelligence de ce bipède supérieur ne tournait pas rond. C'était un véritable écocide engagé entre lui et sa nature.

Elles étaient belles, les cités géantes. Pourtant, elles tuaient à la mesure de leur expansion. Ces œuvres civiles bien ordonnées n'étaient qu'une pollution pire que la pollution désordonnée des déchets.

Dès les premiers jours, les gaz nauséabonds d'organismes humains gisants reprirent leur place et vermines, bactéries et virus proliférèrent de manière décadente. Des vies synthétisées s'échappèrent. Les animaux et les végétaux envahirent les maisons pour y fonder leur famille. Les champs domestiqués poussèrent en buissons exubérants, et le bitume craqua sous des milliards de jolies fleurs. L'or accumulé eut moins de valeur que la poussière qui s'y déposait, là où la vie prenait racine. L'eau, l'air et la terre redevinrent purs. Les déserts redevinrent déserts et, comme par magie, les glaces revinrent là où elles avaient disparu. Les cataclysmes naturels n'étaient que des manifestations d'énergie accumulée, et les pestes cycliques renforcèrent les vies restantes.

Un paradis immense s'ouvrait pour des millions de printemps.

Oh! Que je suis bien dans mon sommeil éternel à survoler cette planète bleue accomplissant un nouveau cycle d'évolution. Je ne vois plus de frontières, plus de vérités et de mensonges, seulement la création comme la nature l'aime, bien tranquille. Il n'y a plus de mots de pouvoir ni de souffle de souffrance. Plus de mots de philosophes ou de maîtres spirituels, ni de droits de droite ou de gauche. Plus de conflits entre les croyances et les incroyances. Plus de guerre ni de paix.

Planète de bleu-vert et de beige-turquoise, de couleurs chaudes-fruits et froides-de-repos, pleine de rêves et de parfums.

Voilà, c'est de la préhistoire pour un futur lointain, une petite révolution, le sixième grand cataclysme.

L'autre espèce dominante découvrira-t-elle les vestiges de ce passé?

Qui dit qu'elle n'aura pas appris du passé et gardé tout ça dans le grand mémoriel?

Proviendra-t-elle du monde terrestre ou marin, du monde des microorganismes ou de celui des géants, ou d'ailleurs?

Je m'en fous, je dors, je ne suis pas là...

Complètement dépassé, j'étais confiné au caniveau. Expérimenter le rejet était si douloureux, je n'avais pas la liberté d'un rat. J'avais pourtant tant lutté pour garder ma place de rat. Un rat, ça avait une vie sociale; des rats, ça s'entraidait, c'était empathique; les rats, ça proliférait avec l'humain aussi, son proche cousin. Il n'y avait pas d'écran entre les rats. Ça se foutait des inventions qui mettent en cage sans qu'on s'en rende compte.

J'ai regardé autour de moi. Un livre de cinq cents pages ne suffirait pas à décrire l'effervescence de cinq minutes d'activités humaines. Je me suis relevé du trottoir en avalant la dernière bouchée de mon sandwich et j'ai songé à cette légende d'espérance que je venais de lire.

Où allais-je en tant qu'humain?

Jadis, les parfums grisants révélaient les fantaisies qui rapprochaient les Esprits. Mais aujourd'hui, j'emmitouflais mon conscient quelque part dans un sommeil qui était perdu au fond de ma mémoire. En dehors de ce conscient, la vie plongeait l'enfant dans d'horribles cauchemars. Un soir, j'ai vu une bande d'enfants de la rue qui entouraient un passant. Je les observai à distance. J'étais impuissant. À la moindre implication de ma part, ils m'excluraient durement de leur amitié. J'avais gagné leur confiance en leur racontant des histoires d'ailleurs qui les faisaient rêver. Leurs yeux s'éblouissaient, ça stimulait leur imagination plus que la colle et les solvants qu'ils respiraient. Armés de couteaux, ils menaçaient leur victime en lui dérobant ses possessions. Moi, je les connaissais, ces jeunes, nous étions les mêmes, nous n'avions besoin que d'amour, de beaucoup d'amour.

Entre la foule, les véhicules et les trains, je marchais seul dans ce désert des plus arides. De l'autre côté, dans des murs dorés, les gens faisaient plus pitié que les mendiants qui erraient. Voyaient-ils la liberté qui vagabondait de l'autre côté de leur cœur emmuré?

Les klaxons et le crissement des pneus serpentaient autour de moi. J'étais sourd, je ne vivais plus à l'extérieur de moi. Alors, seul comme dans le désert, j'ai pissé dru sur la ligne centrale. Oui, en plein milieu du boulevard, je marquais mon territoire comme un sauvage.

— Hé, le fou ! Complètement débile ! Enfermez-le !

— C'est ça, le fou ! Suis la ronde ! lui ai-je répondu. Rampe et tu t'en sortiras, comme le disait le mage Cordonnier.

Nous rampions. C'était une époque pénible.

La moindre douceur était si appréciée, l'ombre d'un arbre, le passage d'un nuage qui occultait un instant le soleil brûlant, la brise qui me soufflait derrière l'oreille.

Je croyais à ma destinée, je croyais aux forces de la nature qui travaillaient pour moi dans cet amalgame de tout et de rien, car les choses s'étaient toujours présentées à temps.

Comme un fou solitaire, je me suis remis à siffler en saluant les gens au passage. Évidemment, ils ne voyaient rien. Leur sens des valeurs s'était affaibli et suraseptisé. Comme une boussole démagnétisée, il s'égarait au profit d'une intelligence artificielle. Pourtant, c'était une merveille de vie.

Et moi, j'étais l'envers de l'évolution. Non... Je voulais vivre. Non... Je résisterais... Même si les échos d'écologie par-ci et d'éco par-là résonnaient d'écho en émettant plus de CO_2 pour n'être que redondance.

Je résisterais…

On adorait l'arme à feu, devenue objet de culte, comme le kirpan. Prends ma femme, mais ne prends pas mon arme, se plaignaient-ils. Elle est sacrée. La guerre est l'option facile. Bande de lâches, tenez-vous! Il n'y avait qu'un pas vers la paix, le premier – le plus difficile, il paraît. Il faut du courage pour marcher vers la paix.

Il me semblait que j'étais passé de l'autre côté du tranchant du silex, comme le Vieux Grognard le disait. Cependant, je n'avais pas encore vu, au-delà de ce très lointain continent liquide, ces animaux qui nous laissaient passer et ces plantes qui nous donnaient des fruits et des baies arc-en-ciel au goût succulent. « *Tu seras le bienvenu chez ces hominidés* », m'avait-il si tendrement assuré. Rien de cela ne m'était encore arrivé.

J'ai continué à marcher et à marcher. J'ai traversé un bout de terrain.

— Déguerpis d'ici, m'a sommé le propriétaire, sinon je lâche mes chiens sur toi.

J'ai répondu sereinement:

— Je n'ai pas de défense, monsieur. Je suis désolé, mais je dois continuer ma marche dans notre monde.

Immédiatement, les cabots sont accourus en aboyant agressivement. J'ai versé calmement de l'eau dans ma main et l'ai tendue vers eux. Ils se sont abreuvés avidement, puis nous nous sommes amusés, heureux. Le pauvre propriétaire s'en est retourné avec ses infidèles amis…

Moi qui vivais simplement, qu'aurais-je pu faire pour qu'il comprenne que c'était la Terre qui était propriétaire de nous ? Rien ! Rien, mis à part respirer au rythme primaire des frappes sur les peaux et chatouiller les cordes qui libéraient une mélodie rieuse, la mienne, celle qui pourrait inspirer les autres. J'ai sorti un fruit de mon sac sur lequel était inscrit en grosses lettres « SAUVONS LA PLANÈTE ». L'humain était-il l'ultime arme de destruction massive créée par la nature ? Pourtant, la planète était sauve. Même si on la rasait, elle referait sa vie. C'est l'humain qui n'était pas sauvé. À court terme du moins.

N'empêche que dans la fatalité, l'obsession de la survie restait égocentrique. Toutefois, dans cette autre ville s'étalait une égocentricité commune. On s'entraidait, on plantait beaucoup d'arbres dans l'espoir de renverser ce non-retour qui se dirigeait directement vers la fatalité.

Mais déjà, entre les sinistres extrêmes de tempêtes et de sècheresses, la Terre se préparait à muer. Elle dévoilait sa nouvelle peau.

La destruction ne précédait-elle pas un nouveau règne ?

Les gens de cette ville étaient accueillants. Une famille m'a offert l'hospitalité pour la nuit. Au matin, nous nous sommes dit au revoir. Je n'avais pas pris le petit-déjeuner, ils ne m'avaient pas invité. C'était rare, mais ils étaient pauvres de pécule. Ce jeûne me purifia de mes toxines, rendit mon esprit clair et libre comme l'air. Personne pour déranger ma méditation. Sauf qu'en marchant, tant dans ma tête qu'avec mes jambes, brusquement, je suis sorti de mon intérieur.

« Réveille-toi, rêveur, tu es en périphérie de cette agglomération. » Au loin est apparu un gringalet grisonnant qui manipulait une sorte de gratte et un seau cabossé. Il suait en bordure de la route. Il roulait ses « r » et ricanait allègrement, ce qui a soulagé mes épaules du fardeau du monde.

— J'aménage la bordure et les trous de la route et, avant qu'on ne bétonne les bords, j'enjolive pour toucher les cœurs. Depuis que j'ai trébuché sur un arbuste crochu, je replante des arbres et des arbustes qui étaient destinés à mourir. Les gens ont perdu l'espoir du développement durable… Et avec raison… Des mots antagonistes. Il ne reste que l'espoir de l'enveloppement durable. S'envelopper de notre propre nature et de nature humaine. Je rêve de créer ma forêt luxuriante.

Je n'ai pas vraiment compris le lien entre sa chute et son histoire de planter des arbres.

— Mais pourquoi avec ces outils primitifs ?

— Parce qu'ils rendent service à l'humain, alors que la technologie ne rend service qu'à l'argent. C'est sans issue. Je suis un outil primitif, l'énergie de la nourriture descend dans mes bras, je cultive pour que la vie se révèle. Nous n'acceptons pas la dégradation de notre propre nature, alors nous ne contrôlons pas. Mon lopin de terre est libre de clôtures, de barrières et de murailles. Il n'est pas le mien, bien que je me sente parmi les maîtres de la terre – en travaillant humblement, je lave ainsi mes pensées –, et je contribue… Observe de l'autre côté. Tu vois les arbustes indigènes ? Les fleurs riantes qui se font butiner, ne sont-elles pas magiques ? Et plus loin, contemple la jeune forêt que j'ai créée.

Comme un baume sur une plaie ouverte, ce drôle de bonhomme m'a grandement inspiré l'espoir d'un paradis. Une étincelle de rêve dans la grande sculpture de la vie.

Génial, le bonhomme !

Une parcelle d'univers perdue dans l'infini m'a donné un cadeau. Une parcelle de bleu mouvant et de vert de vie qui se perpétue d'une vie à l'autre. Une petite parcelle d'étincelles célestes, de bijoux que j'ai abîmés sans penser. Ma mission serait de la préserver, de valoriser la vie. Je ne serai jamais assez hautain pour me déconnecter de la Terre.

C'est étincelle par étincelle que je ferai mon étoile. C'est la Petite Vieille qui me l'avait dit : « Tu as le privilège d'avoir été invité par notre Mère la Terre pour en faire le tour. Jouis de sa bonne providence avec mesure et fais-toi un devoir, avant de la quitter, de la remettre comme elle était. »

ERA QUARTA

IX

De terrien à terrier

Plus loin que prochainement, dans les Andes
+ 530 ans

Apprenti grand gourou !
Apprends-tu, grand gourou ?

Dans ces hautes contrées, je voyais de nouveau de vraies brillances dans le firmament si proche. Elles étaient là, je pouvais les agacer du bout de mon doigt. Le vide était juste là, invivable, je le touchais, je chatouillais la mort, une mort bien vivante. Sous mes pieds, c'était pareil, la mince couche de roc embrassait le magma infernal. Un sentiment effrayant de vulnérabilité m'a enveloppé, pareil à cette mince et si fragile feuille de vie que je piétinais. Dans ces moments d'extrême conscience, la tendre fragilité faisait place à l'arrogance et au mépris.

Cette marche en montée me mettait à l'épreuve. Le paysage devenait grandiose à mesure que je grimpais. Ma conscience s'élevait aussi, je voyais de haut. Là-bas, il y avait une montagne de sable blanc, la plus haute dune du monde, et encore plus loin, dans les flous, la mer. J'étais près de mon âme. C'est elle qui voyageait, elle était le ciment qui m'unissait au divin, à l'Amour. J'étais omnipotent.

Ainsi, j'ai saisi l'occasion de me reposer d'une fatigue accumulée. Sur le haut plateau, au pied des pics jadis enneigés, la rareté de l'air sec alourdissait le moindre de mes efforts. Les cuys broutaient la mince couche de vert entre les roches et les fleurs. Ils étaient les plus grands animaux de toute la surface de ce continent.

J'avais le souffle court et une soif terrible. J'ai relevé mon poncho. Je suis entré dans un endroit populaire. Rien de spécial. C'était une demeure au sol de terre battue. Dans un coin sombre, deux longues tables de planches écorchées se juxtaposaient au mur de blocs de terre crue.

— Bonjour !

J'ai enfourché le long banc et une mama a approché sa carafe d'argile.

— Venez-vous d'en bas ? m'a interpellé un homme blanc.

Le long cordon jaune coulait dans le grand verre en faisant mousser la boisson. J'ai deviné un accent du nord.

— Je redescendrai bientôt, ils ont un pressant besoin d'aide, ai-je dit en déversant sur le sol dur un léger trait de ce liquide – c'était la tradition ici. Il fallait redonner un peu à la Mère la Terre.

L'homme pâle m'a souri et un des paysans m'a abordé bien candidement.

— Vous semblez marcher depuis une éternité. Laissez-moi palper vos mollets…

— Oooooh! Vous voulez les palper durs ou mous?

L'homme imposant s'est esclaffé et le paysan m'a demandé:

— Comment vont vos rognons?

Je le voyais venir.

— Je n'en ai pas, ai-je répondu à la blague. Mes reins? Pourquoi? Ils se portent bien, mes rognons…

Ça faisait au moins vingt fois que je me faisais poser la question… J'avais décidé de le taquiner.

— Pourquoi alors?

— Nos ancêtres, les Arrièros, marchaient sur de longues distances en caravanes avec leurs lamas chargés. Ils faisaient du troc. C'est dur pour les rognons.

Je me suis étouffé de rire en vaporisant du précieux liquide dans le vide et l'homme était crampé, comme Dogo et moi lorsque la pierre avait roulé jusqu'en bas.

— Mais c'est vrai! ont assuré très sérieusement les bons paysans.

La mama s'est assise de faiblesse, elle sautait à coup de rire.

L'étranger imposant et jovial s'est levé, a enlevé son chapeau de sa chevelure platine et l'a déposé sur le banc.

— Je m'appelle Hakân.

— Oh! Moi, c'est Sourire!

— Enchanté, monsieur Sourire. Le rire est une délivrance délicieuse, la meilleure thérapie, n'est-ce pas? Les pleurs aussi le sont.

Il s'est assis à ma table et m'a raconté son rêve.

Un soir menaçant où j'étais complètement perdu, un homme s'est approché pour marcher avec moi. Son visage, ses yeux étaient meurtris. Moi, je n'avais ni nourriture ni place pour dormir.

— Viens chez moi, m'a-t-il dit d'une humeur joyeuse. Il faut m'excuser… Je suis pauvre. Tu as faim? Viens, j'ai du pain et de la graisse fraîche pour toi…

Mon cœur s'est senti privilégié par le partage du peu que ce brave possédait.

— Tu verras, c'est un sanctuaire chez moi, alors il faudra faire la courbette en entrant… Attention à la poutre! a-t-il lancé en riant.

Il a enflammé une allumette en la frottant énergiquement sur son rude pantalon et il l'a dirigée sur la mèche noire de la chandelle dégoulinante.

— Tu dormiras là, sur les peaux de chèvre.

Nous nous sommes assis en tailleur sur le tapis usé. Il a versé une bière dans une seule tasse, qu'il a gentiment poussée du doigt.

— Tu ne prends pas de bière? lui ai-je demandé.

Ses yeux ont balayé le pain, le vieux coffret, le plancher de terre, puis moi.

— J'ai arrêté de boire… Jadis, je me faisais des amis et je travaillais honorablement. Le bon destin m'a fait tomber amoureux de la plus jolie Mauresque aux yeux nuit romance. De notre amour est née une petite fille. Sacré destin! La petite nous apportait la joie d'un doux soleil de printemps. Ça t'est déjà arrivé, Sourire, d'avoir la sensation d'être avec l'amour de ta vie? s'est-il enquis. Mais le mauvais destin m'a séduit vers une tout autre romance. Celle-là s'est avérée infernale. Je me suis mis à la bouteille, puis aux drogues. Je suis devenu une brute pour les deux femmes de ma vie. J'ai arraché un à un les pétales de mes deux roses jusqu'à ce qu'il ne leur reste que les épines pour se défendre. Elles sont parties. Mes amis n'étaient plus les mêmes. Ils étaient des loques humaines… Comme moi. Et j'ai copulé avec les pires salopes du monde. Tu sais, Sourire ? Dans l'ivresse, les miteuses et les pires dégoûtantes se transforment en merveilleuses déesses de l'amour. Seulement, le lendemain, ce dégoût te fait embrasser la déesse des enfers en arrosant encore les feux à l'eau de vie.

Il poursuivit.

— Un soir, ç'a été le drame. Avec une violence inouïe, je me suis battu contre mon meilleur ami, j'ai tiré mon couteau de ma poche… Je ne me rappelle plus… J'ai… J'ai un trou de mémoire ! Je le vois toujours, là, le souffle coupé, aussi clairement que je te distingue à la lueur de cette chandelle. Lentement, en face de moi, il s'est effondré, son regard figé droit dans le mien comme pour me dire… Je ne sais quoi… Je suis confus… Je l'ai atteint droit au cœur. J'ai ouvert ma main et j'ai échappé la lame ensanglantée par terre. C'est moi qui ai été atteint au cœur. J'ai pleuré et pleuré. Je me suis sauvé, j'avais perdu les plus précieux joyaux de mon existence.

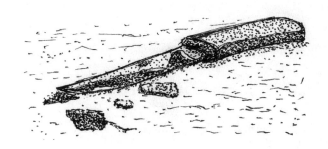

Il a attrapé un bout de papier.

— Fais-moi une faveur, Sourire. Toi qui vas dans cette direction, trouve ma jolie Mauresque, donne-lui ce *message. Dis-lui que je l'aime et que je veux revoir ma fille chérie. Dis-lui que je ne bois plus…*

D'un geste délicat, il a glissé l'enveloppe scellée dans ma poche de chemise.

Hakân sirotait bruyamment la broue au fond de son verre. Moi, je ne croyais pas que c'était un rêve. Trop d'émotions effritaient sa voix. À ma question sur la véracité de ce récit, Hakân, songeur, a brusquement déposé son verre.

— J'aime que ce soit un rêve, car le rêve est guérisseur. Il s'évapore plus vite que la dure réalité. Mais là, j'ai pris un engagement, un engagement de simplicité. Si vous me le permettez, monsieur Sourire, j'irai avec vous en bas pour aider ceux qui sont dans le besoin.

Hakân m'a aussi parlé de secrets perdus, d'une façon mathématique et intuitive de tailler la pierre, de choses étranges sur la manipulation des forces gravitationnelles qui faisait remonter le cours des eaux dans les canaux et qui levait des pierres immenses, et des humains. Il a évoqué les échanges entre les civilisations et la venue d'un roi noir aux yeux bleus qui s'était agenouillé devant la grandeur de leur maître ancestral.

J'avais l'impression d'être proche de ses ancêtres.

Ce Hakân était une encyclopédie.

Sur le mirador, le temps sec laissait voir le fil blanc de la mer qui, jadis, avait englouti les terres. Le lit asséché et rosâtre de la rivière sillonnait, pareil à un serpent achevant de digérer les forêts tropicales. Un natif m'en avait fait la remarque.

Le ciel était désormais blanc, et le sulfure d'hydrogène brûlait les poumons. On squattait les mines souterraines et les tunnels, seules zones habitables. Les autres étaient condamnés à creuser durement à main nue dans le roc pour se faire une tanière.

— Ça va, monsieur Sourire ? m'a demandé gentiment Hakân.

— Je suis accablé, Hakân, ai-je soupiré en donnant des coups de massue sur le ciseau à pierre. Mes muscles sont endoloris.

Il n'a pas réagi, comme si je n'avais rien exprimé. Visiblement, Hakân n'aimait pas ce genre de pleurnicheries, alors je me suis ressaisi.

J'ai regardé ses yeux rougis, sa peau sale, ses mains en sang. Sa condition était pire que la mienne. C'est seulement après quelques jours que sa bouche de sage a laissé s'échapper des mots entre le bruit des pioches. J'aurais cru entendre des mots venant du ciel.

— Si vous n'aviez pas fait cette route de vie, vous l'auriez regretté davantage. Vous devez accomplir votre mission et je vous soutiendrai.

Nous étions une vingtaine de mineurs traqués, suant dans ces souterrains. Nous étions vêtus de lambeaux et nos pieds étaient recouverts de guenilles et de sacs de plastique. La vie n'avait plus de sens et, comble de malheur, cette roche sans aucun bon sens ne se prêtait pas à la taille d'outils tranchants.

Le tintement aigu des coups de pioche et de masse sur les ciseaux qui cognaient contre la pierre résonnait sans arrêt dans le creux de notre moral.

— Regardons-nous. Lamentables que nous sommes.

Hakân essayait de garder sa dignité.

L'agressivité montait au rythme des conditions extrêmes de survie. Il y avait une fille trouble dont le comportement inquiétait. Je l'avais abordée doucement.

— Ça ne va pas, Nomuulà ?

Son regard pointu s'était braqué sur moi. Elle râlait.

— Il y en a qui se vautrent dans des palais et qui se nourrissent de nos misères. Injuste. Les charognards nous entourent. Allez ! Suivez-moi ! Partons de ce trou de merde.

— Nous partirons et d'autres squatteront notre trou, et là, nous servirons de festin aux charognards.

Gémissant, elle s'est laissée choir sur les pierres en faisant tomber la lampe avec son pied.

— Calme-toi, Nomuulà ! a glissé sa copine d'une voix douce.

Mais elle a poursuivi, plaintive :

— Nous, on pourrit dans ce trou morbide !

Hakân a relevé la lampe. Il s'est fait plus ferme.

— Regarde ! Nous sommes encore vivants aujourd'hui. Nous n'avons pas besoin de lits pour dormir. Nous avons juste besoin de dormir… N'importe où… Nous sommes accoutumés. On n'a qu'à fermer les yeux, et la forêt luxuriante apparaît. C'est tout ! Il ne faut pas perdre de vue cette beauté suprême pour qu'un jour elle se crée.

— Je me fous de ta forêt luxuriante de merde, l'a injurié Nomuulà.

J'ai toujours admiré Hakân, qui était un sage naïf. Il avait parlé de forêts luxuriantes qui reviendraient. Ma voix s'est durcie devant les propos de Nomuulà.

— Disparais d'ici, comme les vies qui ont disparu dans des catastrophes.

— Je sais quoi faire. Seule la mort peut guérir de telles souffrances.

La pression de cette vapeur trouble faisait exploser nos discussions. Le tintamarre des outils s'est tu et les regards sévères se sont détournés.

— Assez! C'est assez! La pauvreté n'est pas une culture, pas plus que la richesse d'ailleurs. Les deux peuvent te caler dans la stupidité, et on ne cultive pas la stupidité! Voilà ce que tu es. Tu es stupide dans ta pauvreté. Alors, reprends les manchons de ta brouette, elle est pleine!

Sous ses cheveux dégoûtants, son œil louche a coulé un regard vers les autres. Tous l'examinaient, sous l'ombre et le fin contour de la flamme. Par dépit, elle a empoigné sa brouette en vacillant dans la sombre montée.

— J'espère qu'il y a un cœur, là-bas…

J'ai saisi une tasse pour la plonger dans un réservoir. Dans les légères vagues provoquées se reflétait un visage de pitié. À mon tour, j'aigrissais comme un vin qui vieillit mal et j'ai marmonné tout bas à mon ami Hakân:

— Je ne connaîtrai jamais assez l'état d'âme des mortels que nous sommes pour prédire ses intentions. Il y a quelque chose qui ne tourne pas rond dans sa tête. Sur l'autre versant de ma vie, il faudra être prudent avec elle. Et le premier dont j'aurai à me méfier, c'est de moi !

Il m'écoutait, ce bon vieux Hakân, comme toujours d'ailleurs. Et il racontait aussi des histoires profondes de sens. Cela me rappelait l'époque où je ciselais le silex avec Dogo. Nous réfléchissions sur la direction de nos vies. À cause de mon lointain passé, moi aussi, j'avais fait la promesse de ne jamais – oh non ! au grand jamais – renier l'époque du respect des vies jadis sacrées. Je rêvais d'un monde merveilleux, plein de compassion et d'échanges sans argent. Offusqué du gaspillage des ressources, je jouais d'astuces pour réapprendre au monde à cultiver l'amour. Il m'écoutait si gentiment, le monde. Mais rien en actions… Leurs yeux compatissants laissaient briller la peine perdue, la force d'inertie d'un train sans conducteur qui fonce dans une gare bondée.

À travers le regard des gens, j'avais l'impression que la grande main qui me poussait dans ma quête me guidait vers ma mort. Alors seul, je m'engouffrais dans le fatalisme. Je supportais toute la misère du monde sur mon pauvre dos. Je sais… J'avais dit à Nomuulà que la vie voulait vivre, mais la vie, ça se fatigue de vivre aussi.

Alors un jour, j'ai failli à ma promesse. J'étais usé de tant de défaites pour un mirage. J'ai décidé que j'étais fatigué de lutter contre l'inévitable fatalité. Qu'à cela ne tienne, comme un malheureux clown, j'ai peint sur mon visage un pseudo-bonheur et j'ai appris à mentir pour gagner ma vie. J'ai joué le jeu. Je pensais à moi. Il fallait qu'il y en ait un qui en vende, des chimères de faux bonheur, et j'ai trimé dur pour prendre ma place. J'ai consommé la drogue la plus forte, celle de la dépendance à l'argent. J'en avais, et j'en voulais toujours plus. Ça marchait bien. Je voulais arrêter de consommer de l'argent, mais je rechutais chaque fois. Je suis devenu un riche avec un cœur de pierre, sans valeurs ni sens. J'adorais l'or, je suais pour lui, il était ma maîtresse, ma drogue.

Sournoisement, ma quête de l'étincelle s'était changée en vanité, et ma zone de confort en zone de lâcheté. Je m'inventais des principes de pacotille et des ennemis que je haïssais vraiment et que je défiais et que j'écrasais. Les jeux, la luxure intellectuelle, la médisance ne faisaient de mal qu'à moi, et le stress acide corrodait mon cœur. Pourtant, ma maîtresse m'avait promis le bonheur. Elle disait que le soleil brillait pour tout le monde. Plus je grossissais, plus j'assombrissais les autres, plus on m'adulait. Et comble de l'ironie, on me récompensait pour l'argent que j'engrangeais. Le monde et sa terre s'appauvrissaient en se transformant en argent. Je savais au fond de moi que j'étais un esclave dépendant.

La hantise de perdre n'existe pas chez ceux qui sont libres. Vous savez? Ceux qui n'ont pas de clé et de mot de passe pour s'enfermer. Ils ont la clé de la liberté. Ils ont tout, la sérénité. Elle m'a mené dans ses entrailles, ma maîtresse. Je l'avais tant priée d'y aller. J'ai crié: «Et moi, moi, et puis moi, et moi encore, que fait-on de moi?» Je voulais tout posséder.

Mais cette vie n'était pas à moi. À vrai dire, on était trop de gens pareils à moi sur cette terre... Et moi, moi le premier, j'étais de trop! Je me suis enfoui dans la fosse des regrets, repensant à tout ce temps perdu qui aurait pu servir la vie. J'ai tout perdu, enfoui dans les objets de luxe. Pourtant, j'aurais eu plus de facilité à cultiver ce que je possédais déjà que les choses que je convoitais. Je ne possédais que quelques cristaux qui valaient plus que tout l'or du monde. Et au-delà de ces cristaux, je possédais ce qui ne se touchait pas avec les doigts.

Je n'ai plus cru en cette étincelle. Je me suis caché comme une taupe aveuglée. Puis la question existentielle de la mi-vie m'a éclaté en plein visage : qu'allais-je faire de ma vie avant de crever ? Allais-je pouvoir faire une œuvre de cette maudite vie ? Un jour ! Pourquoi n'avais-je pas le courage de stopper tout ça ? Après tout, le monde n'avait pas besoin de moi... La réponse a retenti. C'était simple... Si je focalisais ma convoitise sur les choses visibles à l'œil, je n'irais jamais plus loin. Dans le fond, réellement, aucune terre n'était à nous, on ne pouvait pas être le propriétaire de notre Mère la Terre, qui était là depuis bien plus longtemps que nous. Ce n'allait être qu'après ma mort, enfoui dans les poussières, que l'allais être propriétaire du vivant.

Sales roches qui bouchaient la lumière. Nous cherchions quoi ? Une utopie, un mirage dans le désert désacralisé. La pitoyable Nomuulà avait raison dans un sens. Et la voix apaisante et toujours respectueuse d'Hakân coulait comme du miel sur mon abattement. « *Il est inutile d'imiter les rois pour se sentir roi. Calmez-vous...* »

Hakân avait raison de renouer avec les valeurs des natifs, mais dans le cas de Nomuulà, elle avait tort. La misère la répugnait à cause d'un passé qui faisait miroiter une aisance, mais c'était une aisance tellement avaricieuse, même si le passé est immuable et qu'une étincelle de rêve se cache toujours derrière la misère… L'étincelle de la vie.

X

Les vies cachées

Autre monde bien, bien après, Amériquanie
+ 20 250 ans

Le temps passait et on achevait de creuser les galeries de ventilation. Ces tunnels complexes canalisaient aussi les faisceaux solaires vers les habitations. Sous terre, la température ambiante était confortablement stable.

Malgré la fragile fertilité des espèces végétales et animales, même humaine, la nourriture commençait à se diversifier. Mon plat préféré était un ragout de petits mammifères accompagné d'une salade d'algues et de larves de scarabées avec des champignons fermentés. L'arôme me rappelait ma chère mère. Les autres produits venaient de l'aquaculture souterraine générée grâce à la photosynthèse.

Pauvre chère mère, elle qui, sans doute, savait que je partirais. Elle le devinait chaque fois que j'avais un plan de fou en tête. C'était trop flagrant. Je me dévouais exagérément, comme un bon captif qui voulait s'affranchir. Le vent gonflait tellement mes rêves que Dieu lui-même n'aurait pu les amoindrir. Comme toutes les mamans, la mienne s'attristait à la moindre entaille sur le cordon ombilical de ma vie. Je sais… J'ai creusé une ou deux rides au coin de ses yeux si doux. Elle était devenue heureuse, car elle savait que j'étais sur ma voie. Et ça, c'était sans oublier – je n'en parlais jamais à personne – cette haine que mes frères avaient un jour éprouvée pour moi. Ça me revenait souvent. Un chronique désir de vengeance qui s'est traduit par le rejet.

Encore une fois, mon journal, ce fameux souffre-douleur, mon bouc émissaire, s'est rempli de tous les mots.

Je vous ai sûrement fait de la peine, car jadis, bien armés, vous m'avez facilement battu. Bravo, j'ai perdu… Dans cette froidure, je vous ai suppliés de pardonner mes erreurs inconscientes. Repoussé par la honte et les déboires à la chaîne, je suis parti loin, très loin. Pourtant, un jour, tous, nous nous posons la question : pourquoi alimenter la méchanceté quand la mémoire ne sait plus pourquoi on hait autant ? La vie est si courte. Elle tire déjà à sa fin. Dommage…

Je reviendrai victorieux, car on dit que la haine ne frappe que celui qui donne le coup, et que l'amour pénètre toujours au fond des cœurs.

Rester dans le droit chemin du pardon et de la réconciliation. Les préjugés sont lourds à porter. Puis, par un beau matin ensoleillé, on range ces vieilles choses quelque part dans le passé.

J'ai vu des familles disloquées par la stupidité de la vengeance. J'ai vu aussi des sourires d'enfant éclore et tapisser de fleurs le noir carbonisé d'une nature humaine éteinte. Mes conflits intérieurs ont commencé alors que j'étais tout jeune et que des vicieux, insouciants des conséquences, ont violé mon enfance. Ils ont abusé de la naïveté d'un petit garçon. Ils m'ont transmis une déviation que, plus tard, j'ai dû redresser. Quand je creuse un peu plus vers l'origine de ma quête, je vois qu'elle apporte sans doute une lueur sur un tout autre monde désireux de se révéler.

Je m'étais confié pour la première fois à Jasy. Elle m'avait tendrement prêté l'oreille pour guérir mon traumatisme. Nous parlions de ces deux choses fondamentales et sacrées qu'on devait strictement respecter. Respecter signifiait rester à distance. Chaque fois, c'était un viol quand un intrus enfonçait sa main dans mon cœur pour écrabouiller les balbutiements de mes valeurs intimes. J'ai encore fait une promesse : je ne laisserai plus jamais d'intrus briser ma sexualité et déraciner ma spiritualité, tordant ainsi l'authenticité de ma liberté de pensée.

Avant que la vie ne sorte de Jasy, ç'avait été à mon tour d'écouter parler son cœur sur les abus qu'elle avait subis. Elle avait tant parlé des merveilles de la vie. Ses derniers mots avaient été soufflés en toussotant près de mon cou.

« Dans l'infortune, tu ne peux pas changer le monde, mais tu peux changer ton monde, en dedans de toi, le regarder avec des yeux d'amour. Et comme par magie,

le monde changera... » Puis elle avait chuchoté : « *Je t'aime.* »

J'étais complètement bouleversé. Hakân aussi avait ouvert un peu plus mon esprit. Un jour que nous parlions de valeurs essentielles à la vie, il m'avait lancé franchement :

— Sourire, t'as fait une échappée.

— Ah oui ?

J'ai hésité, avant de reprendre :

— Voilà, Hakân. Je crois que tu viens de mettre le doigt sur le point sensible. C'est vrai, je me suis échappé. Mais de quoi ? De qui ?

— Tu t'es sauvé de l'odieux en toi pour chercher ton reflet éblouissant, l'Humain pur. Face à toi-même, dans la foule comme dans les déserts...

— Il fallait que je le vomisse, ce méchant que je croyais faussement bon. C'est lui qui faisait du mal aux autres. Alors, dans le gouffre de ma vie, j'ai sorti toutes ces choses hors de mon cœur. Après l'avoir nettoyé de fond en comble, j'y ai placé mes plus belles valeurs, là où elles méritaient d'être, bien en vue sur un moelleux coussin de velours imaginaire.

Les cinq longs kilomètres de descente menaient vers un immense hall qui servait d'axe central, comme un parc dans un centre-ville. Les galeries secondaires s'étalaient en rayons d'étoile et les entrées d'habitation s'y alignaient de part et d'autre. Ces habitations offraient une multitude de possibilités assez créatives : on y observait sou-vent une tendance aux espaces de type organique qui s'harmonisaient avec des habitudes de vie minimalistes.

Pendant un moment, j'ai été absorbé en moi-même, entre le néant et le sombre ambiant. En face de moi étaient accrochées de vieilles images d'une beauté inouïe. Je fixais une scène de tempête en sautant du calme à l'exaltation, en passant par l'anxiété. Toutefois, la terrible tempête s'est calmée. Lentement, j'ai repris mes forces. Et cette maudite étincelle… Quelle niaiserie, ici, dans les ténèbres sous des tonnes de pierres.

Dans quelle utopie m'étais-je engouffré ?

Ce Hakân, cet être inspirant et bizarre à la fois. Il avait tellement contribué à nous rassurer dans cette gestation au sein protecteur de notre Mère la Terre. Il y avait dans ce monde des maîtres libres qui, comme par magie, transformaient la stupidité en une vision de paix. Ils élevaient notre conscience sans qu'on s'en rende compte. C'est lui qui m'avait fait voir ma dépendance aux idées prépensées qui nous rebondissaient dans la tête et qui nous talonnaient jusque dans nos gènes. Un monde traqué dans tous ces réseaux, multiréseaux et mégamultiréseaux où même le dieu était piégé, le dieu omniscient, celui qui, anciennement, voyait tout. Il n'était bon qu'aux oubliettes. C'était la plus tyrannique de toutes les religions, celle de la toile aux cinq dimensions. Celle pour laquelle l'araignée noire suçait lentement l'essence de notre vie.

L'humain dans lequel j'habitais m'avait dirigé trop longtemps. Je dormais trop longtemps. Alors j'ai canalisé le peu de courage que j'avais. J'ai arraché toutes les électrodes d'intelligences artificielles extérieures à la mienne. Ça faisait depuis l'ère exformatique que ces tentacules suçaient mon cerveau atrophié. Les puces électroniques injectaient le feu dans la pensée comme jadis le fer crachait les flammes, source de souffrance qui génère encore des conflits. Le sevrage a été atroce; plus encore, il a été insupportable.

Comme un cloîtré dans le noir, je guérissais lentement des agressions antérieures. Mes yeux ne servaient à rien, et c'était bien. Les yeux sont des trous pour que l'âme puisse voir à l'extérieur, et ils l'avaient trop souvent trompée. Je dormais encore et encore. La torpeur m'empêchait de me fouetter pour que je me meuve. Dans cet espace sans jour et sans nuit, sans vie sauvage et sans civilisation, les idées commençaient enfin à se développer dans mon cyberespace organique.

Un monde avide d'or et de pouvoir achevait son règne. J'ai commencé à rêver par moi-même.

Dans l'immensité de ma mémoire, les traces d'émotions encore fraîches faisaient battre mon cœur et jaillir mon sang dans chaque cellule de mon corps. Puis les mots du bon vieux Cordonnier ont ressurgi: «Écoute! À se protéger, *on finira par mourir. Les pieds nus nous relient à la terre et aux nôtres. Ils nivèlent les cœurs. L'humain est comme un arbre. Quand il aura coupé ses racines, il mourra...*»

L'arbre était presque mort. J'avais vu brûler tout ce qui était sur terre. Mon esprit est passé du froid de mort à la chaleur de vie. J'ai senti cette chaleur monter le long de mon dos vers la base de mon crâne, et elle a fait se redresser mes cheveux comme l'éclair. J'ai vu une lumière si forte qu'elle a transpercé mes mains, qui couvraient mes yeux dans la noirceur des catacombes. Après un long sommeil, j'ai senti la force d'un volcan cracher une éruption effrayante. Je me suis dressé d'un coup et j'ai levé mes bras, droits dans les airs, pendant que l'émotion m'écrasait la gorge comme la poigne ferme de ce Belzébuth qui me riait en pleine face. Reprenant mon souffle saccadé et à force de vouloir dilater mes poumons, j'ai senti toutes mes faiblesses disparaître. Le calme est venu en moi, je suis devenu en équilibre entre les deux forces. Autant je me sentais loin de mon but avant, autant maintenant, je voyais l'étincelle de l'espoir. Je l'avoue, je ressentais quand même une pression, un stress, mais comme très anciennement, il était sain cette fois-ci. C'était une tension saine, alcaline, pas acide et corrosive qui pue le diable. Tu me saisis ?

Je me suis fatigué du malheur. J'ai enlevé mes chaussures pour sentir mes racines reprendre vie dans le ventre de ma Mère la Terre.

Positionne-toi, vulnérable que tu es. Démontre ta force authentique.

J'étais sevré. À nouveau dénudé, je m'adaptais à mon nouvel environnement. Comme dans mon jeune temps, mes yeux s'accoutumaient à discerner les formes dans le sombre. Je contemplais profondément les peintures des crépuscules jusqu'à ce que ma pensée m'emporte ailleurs, dans mes souvenirs, où je me suis rappelé ces rouges orangés. Ils n'étaient pas comme dans les plus beaux tableaux, mais comme l'instant si merveilleux d'un simple coucher de soleil, bien vivant, qui présage les plus beaux rêves. Dehors, il y avait de jolis couchers de soleil. «Et si j'y étais, juste là, quelques centaines de mètres plus haut, en surface?» ai-je pensé.

Que la vie était belle!

Il fallait que je relâche un merci, car mon cœur en débordait. Ces déversements d'amour venaient aussi du souvenir du rire naïf de l'enfant, du respire sur la mer, du vert tendre d'une feuille au printemps, des étoiles apparaissant au crépuscule pour diamanter la voute céleste.

Je me suis mis à genoux, les bras en l'air.

— L'Univers, c'est l'Amour, car l'Amour, c'est la vie. Si Dieu est Amour, alors l'Amour est divin. Ce que je ressens, c'est la manifestation universelle de l'Amour. Alors quand je mourrai, j'irai dans l'Amour. Chaque parcelle de moi retournera dans l'Univers. Que ce moment est beau, comme je suis heureux. Merci pour le cadeau. Il y a une éternité que je n'avais pas reçu de si jolis messages de mon respire profond. Comme la naissance d'un bébé est un saut vertigineux vers un extérieur exotique, la mort doit être le passage vers un intérieur absolument fantastique. Je suis géant et je me transformerai en microvie, comme dans un beau rêve.

Or, la mort n'existait probablement pas, si ce n'était dans une sorte de métamorphose en un respire qui levait la mer, un coucher de soleil qui, au petit matin, souriait encore. Oui, j'avais vu des milliers de couchers de soleil, vus de mes yeux vus. Je suis le plus privilégié, car ces générations de troglodytes n'en verraient jamais.

Purgé de ma peine, je suis sorti de ma cellule comme un ancien criminel, de nouveau prêt à braver la mort pour mieux apprécier la vie. À la lumière des réverbères, j'imaginais la fin des grandes chaleurs et j'ai commencé à courir et courir dans ces labyrinthes souterrains. Les réseaux de galeries s'étendaient sur des territoires immenses, et les larges corridors superposés formaient des cités de gratte-ciels plantés à l'envers. Je voyais la vraie lumière du jour au bout, mais c'était pire qu'avant. Dehors, j'étouffais. J'avais vu un mirage et la réalité m'avait rattrapé.

Je revoyais l'apocalypse prédite dans les livres sacrés : terribles tremblements de terre, bassesses humaines enlisées dans le péché, le diable appelant des fidèles pour aller suffoquer dans un enfer irrespirable de sulfure d'hydrogène.

J'ai dû me résigner à retourner finir de purger ma peine dans ma tanière. Mais cette fois-ci, mon cœur était illuminé.

J'ai traversé la place centrale où des clowns et des musiciens amusaient jeunes et moins jeunes. Il y avait aussi de curieuses marionnettes qui me faisaient penser aux géants de pierre qui regardaient le ciel dans l'île de la grande mer. Du coup, je me suis demandé ce qu'il était advenu de mes quatre amis. Nous parlions du temps. Ils n'étaient que quelques-uns parmi tant d'autres qui avaient croisé ma route de vie. Autant de personnes que j'aimerais revoir. On se croyait les maîtres de la terre à la belle époque du grand océan. Innombrables souvenirs, comme si chaque bon temps avait digéré les mauvais pour déposer un joyau dans un coin secret de mon être duquel, hélas, j'avais trop perdu la mémoire.

Je me trouvais beaucoup plus loin dans le futur que je ne le pensais. Tellement loin que je n'avais personne avec qui partager ce que j'avais de plus intime. Plus de famille. Alors je me suis confié à mon souffre-douleur. Pauvre de lui ! Qu'il en avait donc encaissé, des coups d'état d'âme.

Et j'écrivais encore…

Il me semble que quelqu'un m'aime. Elle est si loin de ma pensée que je ne peux joindre la main qu'elle s'efforce désespérément de me tendre. Au début de l'éternité, nous étions là et nous y serons à la fin, pour nous y donner rendez-vous, quand l'éternité s'éteindra. Cette éternité n'est pourtant que l'espace d'un présent.

Puisqu'à cet âge, on cherchait plutôt la tranquillité, j'ai continué plus loin, en retrait, pour m'asseoir un instant. J'ai sorti de mon sac un vieux livre aux pages souillées par les mains de tant de lecteurs. Il m'avait été donné jadis par le gringalet grisonnant qui manipulait une sorte de gratte et un seau cabossé.

Absorbé par ma lecture, j'ai eu le sursaut de ma vie : une excentrique trompette à deux notes m'a fait bondir de trois places. J'ai regardé d'un œil louche le bouffon assis à mon côté et qui poussait son mouchoir dans sa poche. Il m'a dévisagé avec des yeux intelligents. Ses cheveux soignés encadraient un visage qui me disait quelque chose.

Mon vieux Hakân ! Ça fait une éternité.

— Mais je vous connais ! Oui, seriez-vous monsieur Sourire ? Nous trimions dur à creuser les tunnels et les niches. Oh ! Que vous n'aviez pas la patience et le bonheur faciles à la fin.

— Ça alors, que fais-tu ici, dans ma cité souterraine ? Je te croyais parti loin d'ici dans les ailleurs souterrains !

— C'est vrai que j'ai fait du chemin, mais la terre est ronde, vous savez, et les chemins des voyageurs se croisent souvent.

— Tu es ma deuxième rencontre par hasard en deux jours, lui ai-je appris. Hier, j'ai rencontré pour la troisième fois mon ami Alvaro. Il est clown, jongleur à cinq balles. C'est lui, là, regarde là-bas.

Dans ma tête, ça jonglait autant qu'avec dix balles!

— Il est nomade aussi. Il n'a pas d'argent, mais il a un but, une mission. Il fait rire gracieusement les enfants de notre Mère la Terre. Il est extraordinaire. En un tournemain, il fait craquer les plus moroses des névrosés. N'est-ce pas trop joli?

Nous renchérissions sur notre joie en nous relançant nos mirobolantes histoires. Puis le ton a changé. J'ai trouvé que le pauvre Hakân avait bien vieilli. Il a réveillé en moi une époque révolue où j'aurais bien aimé mettre plus de patience dans mon impatience. La misère rendait souvent expéditif, on crevait de faim, il fallait survivre. Le temps jouait contre nous avec une force inouïe.

— Pourtant, Hakân, mon vieux, j'ai toujours été un homme heureux. Euh! Écoute... Je dois me confesser... J'étais dans une dépression existentielle et mon respire était coupé. Plus aucun message ne me venait comme autrefois.

— Vous savez, monsieur Sourire, un humain qui n'a jamais eu de creux existentiel n'est pas un vrai humain. L'existence est un voyage durant lequel nous traversons des plats, des montagnes, des trous blancs et noirs. Un creux existentiel est une occasion unique pour nettoyer notre cœur de fond en comble. Et pour ce qui est de la patience, il n'y a que du temps. La patience n'est là que pour étirer le temps de ceux qui ne le possèdent pas.

Il était toujours sage et drôle, Hakân.

— En parlant de temps: as-tu des nouvelles de nos copains mineurs?

Hakân a repris son sérieux, il tourna un peu la tête.

— Euh ! Vous vous souvenez de la jeune qui avait fait une crise ?

— Nomuulà ?

— Eh bien… Elle n'est plus.

— Oh non !

J'ai rattrapé ma mémoire au galop. Ses mots criaient encore dans mon crâne. « *Seule la mort peut guérir de telles souffrances.* »

— Toi, Hakân, tu l'encourageais à visualiser sa forêt luxuriante.

— C'était plus profond que les apparences ne le laissaient voir. Elle souffrait le martyre, elle était une artiste, Nomuulà, une sensible. Et moi, Hakân, il était temps que je me délivre de mon lourd fardeau. Je lui ai donné l'enveloppe de son père.

— Nomuulà ! Elle était la fille de l'homme au visage et aux yeux meurtris ?

Ce coup m'a assommé raide, j'étais bouche bée. Il a poursuivi :

— Nomuulà a trébuché, emportant avec elle son ourson rose. Elle nourrit les fleurs dans sa forêt luxuriante.

Nous ne pouvons juger ce que ces gens ont dans la tête et dans le cœur.

Véritablement, ce Hakân était un messager, un de ces maîtres qui nous sont donnés à chaque ère. Les yeux de ce maître se sont tournés vers la pile de papiers jaunis que je serrais entre mes doigts. Son visage s'est tordu en point d'interrogation.

— Mais c'est de l'antiquaille, a-t-il dit. Ils appellent ça… Euh ! Un livre ? C'est ça ? Est-ce un vrai livre ? Vous pouvez décrypter cet ouvrage souillé qui tient à peine ?

— Bien sûr, ai-je assuré. J'ai appris l'alphabet antique.

— Et ça parle de quoi ?

— Euh, c'est l'histoire d'un jeune berger et d'un enchanteur à la recherche d'un trésor près des pyramides. Ce récit millénaire me fascine, puisque j'ai vu ces rutilantes pyramides jadis.

— Vous avez vu les pyramides ? Comment avez-vous fait ? Vous ne m'aviez jamais dit...

Comment pourrais-je raconter mon histoire, si invraisemblable ?

— C'est trop long à expliquer... Mais un jour, dans cette contrée, j'ai été reçu par un Jeune Pharaon. Il m'a remis un cristal que j'avais perdu bien avant, dans un autre monde. En fait, ça me dépasse encore que ce cristal se soit retrouvé entre ses mains. Je ne comprends pas... Il y a une question de destinée là-dedans. Ou plutôt de possession, d'esclavagisme et de liberté...

— Vous avez un trésor ?

— Non, non. Un trésor, c'est bien plus que quatre vulgaires pierres. Ce livre relate une histoire philosophique fantastique, mais ce n'est pas la mienne. Assurément, c'est un rêve que tous ont.

— Je connais bien les propriétés énergétiques des pierres. Puis-je les voir ?

Avec un rire plein de doute, j'ai sorti les pierres de ma bourse en lui faisant voir que je ne cherchais plus de trésors, ni d'étincelle, ni de cristaux, ni de pierre de lumière.

— Voilà toutes mes possessions. Quatre minables cristaux bruts qui n'ont même plus l'essence d'une valeur sentimentale. Pourtant, j'ai tant espéré qu'elles m'amènent à l'étincelle…

Son doigt séparait les gemmes dans le creux de ma main. Les couleurs pures de bleu, de rose et de noir, cristallines et limpides, enflammaient les yeux de mon ami.

— Et ce cristal clair ?

— Il m'a été offert dans les hautes montagnes, juste avant notre rencontre, quand tu m'as raconté ton rêve de l'homme au visage et aux yeux meurtris.

Ça jonglait encore dans ma tête. Hakân a pris le cristal limpide entre ses doigts. J'ai continué mon récit.

— J'ai voulu changer ce monde de pierre à grands coups de dogmes et mon esprit s'est blessé contre ce roc. Alors, j'ai changé ma vision du monde, comme Jasy me l'a enseigné, et le monde a changé. Cette inspiration m'est venue d'une amie, alors que l'on ramassait des racines et d'autres victuailles. Il y avait cette riante cascade qui courait entre les roches en s'éclaboussant de millions de diamants dans la lueur du soleil. Quelque chose de magique apparaissait : l'eau se purifiait en glissant sur les pierres, et ces pierres étaient toujours pures.

Carrément magnétisé, Hakân examinait la pièce dans la lumière, avec minutie.

— Mais c'est un diamant pur ! Regardez cette pesanteur ! Oh ! Mon ami monsieur Sourire. Comme cette cascade, vous vous purifiez en vous frottant aux pierres et vous vous donnez à ceux qui ont soif.

La passion l'a emporté, comme un obsédé. Il me faisait franchement peur avec son œil exorbité !

— Nom de Dieu! Quelle persévérance la nature possède-t-elle pour atteindre un tel état de limpidité! Une éternité de patience. Il symbolise la vie éternelle. Étonnant... Vous l'aviez sur vous alors que nous creusions dans la misère noire. Tenez! Remettez-ça dans votre petit sac bleu avant que d'autres ne la voient.

Je lui ai tendu gentiment ma bourse pour la lui offrir. Il y avait le cristal bleu de maman, le cristal noir d'étoile de Premier, le cristal rose de la Petite Vieille, le diamant venant des montagnes des natifs et le petit sac de cuir bien cousu du Cordonnier. Je voulais garder la demi-amulette d'or en guise de souvenir du Jeune Pharaon.

— Je te les donne. Voilà, ces pierres sont à toi, mon ami Hakân.

— Non, monsieur Sourire, je regrette, elles vous ont été destinées.

— Ces cristaux ne valaient rien à l'époque de misère.

— Au contraire! a lancé fougueusement Hakân. Avec ces quelques pierres, vous pouviez créer votre forêt luxuriante, et non vivre volontairement dans la misère... Oh! Monsieur Sourire, vous êtes la légende que vous venez de me raconter. Vous êtes généreux, monsieur Sourire!

J'ai pouffé de rire. Il ne comprenait plus rien. De toute façon, j'aurais le dernier mot avec ce sage.

— Ne t'en fais pas, Hakân, je ne planterai pas de forêt luxuriante et je ne cherche plus de quelconque trésor.

— Non, c'est vous, monsieur Sourire, qui ne comprenez pas. Vous achevez votre forêt luxuriante. Vous avez presque tout trouvé.

— Non ! Je t'ai dit que je ne cherche plus rien. Avoir tout, c'est être heureux avec rien, je n'alourdis plus ma charge. J'ai vu tant de misère pour du pécule. Un jour, j'étais assis sur une pierre et je me sentais un vrai zombie, j'avais le regard fixe sur le brouillard et c'est là que ça m'a frappé comme la foudre. Je vais me débarrasser de ces pierres, et ce sera tout.

Il a répété d'un ton convaincu :

— Vous allez trouver le cinquième cristal, celui qui lie la lumière avec la matière, celui qui fait la vie.

Je me moquais bien de ce que Hakân pouvait raconter. Je voulais retrouver mon autre moi, faire rejaillir mon instinct, la partie sauvage, mon origine. Nous nous sommes retournés une dernière fois pour admirer mon ami Alvaro, le jongleur à cinq balles. J'étais derrière Hakân, il était en admiration comme un enfant. Hakân et moi nous sommes de nouveau laissés en espérant nous revoir.

Après des éternités de temps, j'ai repris ma vie de nomade pour une quête dont j'étais sûr : je devais retrouver mes racines. Je devais aller plus en profondeur malgré ce que m'avaient appris mes proches et mes vieux sur les mythes et légendes de nos origines. J'étais pourtant certain que je tenais un filon si je gardais cette âme et cet esprit que je ressentais.

Beaucoup plus tard, j'ai débarqué d'un tube qui transportait des gens et j'ai mis pied sur le continent du centre de la mer Atlan. Je voulais visiter cet hominidé très cultivé dont on m'avait brièvement parlé. C'est lui qui avait une mission et qui devait m'aider à retrouver mes racines.

ERA QUINTA

XI

Les mutants bicéphales

Suffisamment postérieurement, en Atlan + 58 032 ans

Dehors, les arbres résistaient au vent fort, c'était la chicane entre l'été et l'hiver pour qui allait prendre possession du printemps. Ma mémoire olfactive se rappelait un agréable parfum – le kyphi – qui maraudait parmi les passagers. J'étais un peu tourmenté. Je me suis décidé, j'ai abordé mon voisin de siège. Il était presque impassible. Son visage laiteux et rond était ridé et indiquait une très grande maturité. Il avait à peu près mon âge biologique (et non chronologique). Ses lèvres descendues étaient charnues et son nez était large.

— Dois-je marcher ou prendre un autre transport ? Est-ce bien là où se cache l'homme ?

Personne ne m'a répondu.

— Vous savez ? Cet homme qui a une mission !

Ils se taisaient, les expressions devenaient graves... Nous sommes descendus.

— Est-ce ici, le camp de l'homme ? ai-je insisté.

Toujours la consigne du silence. On m'isolait. J'observais et, soudain, des gardes m'ont emmené dans un véhicule qui lévitait. Ils se sont placés autour de moi. Ils voulaient m'emmener ailleurs. Allais-je mourir ? De basses vibrations résonnaient dans ma poitrine. Le froid montait sur mon crâne et mes cheveux se dressaient comme si un peu de vie s'enfuyait de moi. C'était un signal.

Le véhicule dans lequel on nous a installés s'est envolé. L'homme au visage laiteux était suspicieux... Je l'étais moi aussi. Je ne voyais rien du dehors, comme si j'étais incarcéré. Je devais utiliser tous mes sens pour discerner le moindre indice pouvant me révéler quelque chose de significatif. Puis nous sommes descendus sur une terre étrange. Il m'a fait voir. Ça sentait la mer.

— C'est par là-bas, a-t-il montré. Nous avons marché. Qui vous a dit de venir ici ? a-t-il repris.

Et s'il m'arrivait quelque chose ? La psychose m'a pris. Je respirais de façon saccadée. La peuplade de cette terre était sûrement méfiante.

— Un ami... Il m'a parlé de lui.

Là, j'ai mis le pied dans un espace inconnu. J'ai cru tomber dans un trou vide. Mais tout était connu ! Même les vides étaient remplis de valeurs toutes fraîches. Je le savais pourtant !

— C'est une zone à risque, m'a-t-il prévenu, menaçant.

J'ai regardé le ciel redevenu bleu sur une mer bleue, ainsi que la nature vert tendre. Cela me calmait toujours. J'ai pris une grande inspiration, et encore une autre... Le respire du messager. J'ai inhalé la brise de la mer. J'ai fermé les yeux.

Je n'étais qu'un ramassis de poussières de matières et de lumières animé par je ne savais quoi... Ces poussières se répandraient un jour. Et si c'était ici, maintenant, alors ainsi soit-il. À l'âge vénérable où j'étais rendu...

Je marchais maintenant avec confiance avec cet homme à mon côté. Ne pas avoir peur du mal, c'était le maîtriser, en neutraliser les forces. La véritable assurance, c'était plus que les gageüres de quelque argent sur la vie. Ces gageures alimentaient sournoisement la peur au profit d'un courage douteux qui atrophiait l'instinct vital. Enfin... Tout dépendait du degré d'assurance.

Nous avons continué dans le saint des saints, là où les gens se ramassaient pour alimenter un idéal marginalisé. Et cet homme énigmatique, vivait-il réfugié dans cet archipel atlan ? Menait-il une double vie ?

L'homme au visage laiteux m'a assigné une natte, près d'une case. J'étais fatigué du long voyage sous la mer et dans les étranges nefs volantes. Je me suis endormi sans penser à l'homme qui m'accompagnait. Cette nuit-là, j'ai rêvé que j'étais fatigué... J'ai rêvé au retour sur ma terre d'origine, que mon intelligence était tout autre, que j'étais impotent, incompétent dans les assignations des tâches, que j'étais complètement dépossédé de mes anciens automatismes, indomptable, perdu. Exactement comme le rêve d'Hakân qui n'en était pas un, celui de sa rencontre avec l'homme au visage meurtri. J'étais affecté par le trop long parcours. On voulait arracher mon âme de nomade pour me sédentariser. Pourtant, l'âme ne se vendait plus quand la transition était impossible. J'étais coincé dans le non-retour d'un passé qui me rendait nostalgique. J'étais tellement fatigué de chercher je ne savais quoi, je ne savais où, que dans mon rêve, je me suis endormi, et j'ai rêvé. Dans ce rêve, cet homme légendaire se cachait avec une élite derrière un environnement sauvage. De la clairière où je me tenais, je voyais une jungle exubérante percée d'un passage secret. De l'autre côté, on y collectait l'énergie vitale à même la végétation et la faune sans laisser de traces sur la biodiversité. Ils vivaient dans la tradition simple de mon temps.

Je me suis senti secoué après une profonde léthargie.

— Réveillez-vous, c'est l'heure nulle… Réveillez-vous, monsieur Sourire.

Je revenais de très loin. Un parfum d'encens m'a ranimé.

— Venez, le petit-déjeuner est servi, m'a susurré une jeune voix enjouée comme le lever de notre bonne vieille étoile, le Soleil.

Des enfants, nombreux, m'ont entouré. Pourtant, il n'y avait personne la veille, mis à part l'homme menaçant au visage laiteux. Au fait, où était-il? J'ai demandé à un jeune. Il avait disparu, paraissait-il. Incroyable! Personne n'avait touché à mes affaires. Était-ce un mauvais rêve? Ma poitrine respirait librement maintenant, c'était bon signe.

— Pourquoi disait-il que c'était une zone à risque? me suis-je enquis par le biais d'un appareil.

Le jeune enjoué m'a sommé de décrocher mes prothèses de communication. Cela voulait dire de ne plus communiquer par le biais d'instruments.

— Nous transmettons et recevons encore organiquement avec l'émotion, la mémoire traditionnelle, les signes et les sons venant de la bouche. Sans connexions artificielles. Vous savez, ces trucs qui dérobent l'âme ?

— Je respecte vos vœux, ai-je dit d'une voix affaiblie par le manque de pratique vocale. Désolé, vous avez raison. Voilà, j'enlève le télédialogueur de ma tempe gauche, le troisième œil thermosensible de mon front, le senseur ondulatoire de ma tempe droite et le scanneur qui ceinture mon tronc. Et les puces mémorielles branchées dans mes trous d'oreille, bien sûr.

Encore cette peur de me déconnecter. Mais nous étions toujours connectés à un monde ou à un autre, avec ou sans appareil.

— Alors, pourquoi est-ce une zone à risque ?

— Vous risquiez de passer du pays du bonheur à notre monde. Nous étions particulièrement inquiets pour vous, car la facilité au bonheur n'est pas donnée à tous. Certains n'ont pas pu absorber le choc de culture et, tristement, ils ont disparu, ils se sont déconnectés de la vie. Mais maintenant, vous semblez être quasiment passé, les signes vitaux de votre intellect sont très bons.

— C'est une blague, non, cette histoire de bonheur ?

— Le seul danger est l'inadaptation au bonheur. Soyez rassuré, nous sommes responsables de vous pendant cette transition. Vous êtes le bienvenu.

Nous avons échangé durant de longues heures. Ils vivaient de la cueillette. Ils prélevaient plutôt, tout était pour tous. Le partage. Et cette peur imaginaire d'être tué que j'avais éprouvée en arrivant sur cette terre… Combien de peurs ai-je eues tout au long de ma vie qui se sont révélées fausses? Tant de sérénité gaspillée. À croire que les sentiments de base menaient le monde et pouvaient le menacer…

— Pas de mur, de barrière ni de clôture. Ici, les animaux sont libres, comme vous le voyez, monsieur Sourire.

— C'est le plus beau paysage que j'ai jamais contemplé, sans richissimes domaines.

— Allez sur l'île flottante, au musée du temps. Vous trouverez l'homme.

— Vous savez que je cherche un homme? ai-je demandé au jeune.

— Oui, tout le monde vous connaît ici…

Je me suis immédiatement mis en route pour le musée. J'observais les gens. J'étais stupéfait de voir qu'ils marchaient. Les dames étaient ravissantes avec leur démarche élancée, et les hommes également. Tous s'accordaient aisément au bonheur. Oui, la chose la plus vendue au monde était le sourire. Je suis entré dans la vie privée des gens. En fait, le mot « privé » n'existait pas ici… Encore moins le mot « paix ». Parler de paix aurait vraisemblablement été le signe de la présence de conflits. Quel unique privilège! L'inaccessibilité au superflu prenait toute sa valeur, j'en ai profité de tout cœur. Valeurs similaires même si d'une communauté à l'autre, je pouvais voir la différence de personnalité.

Quand je suis arrivé dans un de ces villages, des jeunes se sont sauvés comme l'éclair. D'autres se sont approchés sournoisement avant de s'éloigner. Ils riaient, ils criaient de gêne. J'ai fait un signe de la main à une dame. Elle m'a tourné le dos, de timidité ou d'émoi.

— S'il vous plaît, madame, puis-je avoir de l'eau?

Peu à peu, les gens se sont maladroitement laissé apprivoiser.

— Nous avons de l'eau de pluie.

— Mais il ne pleut presque pas, paraît-il.

Trois dames rieuses et deux jeunes filles étaient visiblement gênées.

— Voyez... Il y a de l'eau de pluie là-bas.

Nous nous sommes dirigés vers le puits.

— Ce n'est pas de l'eau de pluie, puisqu'elle provient de la terre.

— Oui, vous avez raison, c'est de l'eau de terre, puisqu'elle provient de la pluie.

Un petit garçon m'a guidé vers sa maison. Les femmes nous ont suivis. Elles portaient toutes un ballot de bois sur leur dos, pris en sangle sur leur front. Elles rigolaient derrière moi, vacillaient dans sur marches de pierre installées à pic. Elles tombaient presque et se redressaient maladroitement en gloussant joyeusement. Je ne comprenais pas leur langage.

— Quelle mouche bizarre les a piquées, ma foi? ai-je demandé au jeune.

Il a sourcillé et mordillé le coin de ses lèvres. J'ai cru deviner leur plaisir taquin. Comment serait un tel étranger dans la volupté d'une romance intime? C'est moi qui fantasmais, ma foi!

En haut, ils m'ont présenté à la famille. En signe de bienvenue, ils ont lavé et massé mes pieds. Je connaissais cette coutume de purification. Je me suis installé pour un bon repos. J'aurais été jaloux s'il y avait eu un autre étranger. J'aimais me retrouver seul en plein cœur d'une autre culture où les gens s'activaient à leur façon. Je les observais, je tombais amoureux.

— Vous avez une journée de marche d'ici jusqu'au musée du temps, sur l'île flottante. Vous n'avez qu'à suivre le littoral.

Les vagues du grand océan taquinaient les roches et le sable de ce continent nouveau pour moi. Ils étaient inséparables, le parfait mariage. Les buttes d'un vert exubérant étaient coiffées d'une mousse de nuages. D'un coup, tout était beau. Le mouvement des vagues, le soleil et le sable m'excitaient, et les pêcheurs d'huîtres étaient là à marée basse. Aussi, les maisons de bambou aux toits de palme nichées dans la falaise m'inspiraient la simplicité. Les petits crabes coursaient vers leur cavité. La mer sentait l'amour, la vie, elle était cochonne, elle m'imprégnait. J'espérais un orgasme imaginaire qui n'aboutissait jamais. Je dansais, je courais, je savais… Je me permettais cette folie, j'étais le maître. Mais pas pour longtemps, le grand quai était encore loin.

Je suis entré dans le dôme flottant au large de cette terre idyllique. L'amphithéâtre contenait du monde de toutes sortes. L'inexorable temps transmutait tout. Je voyais des hominidés aux grands yeux qui s'étaient adaptés aux époques. Les uns rapetissaient pour pouvoir se faufiler dans les fentes des cavernes, perdaient leur pigmentation pour un blanc quasi translucide, leur bouche s'étant transformée en ventouse pour sucer les larves des parois humides, dans une incroyable adaptation de la vie. Les autres survivants humanoïdes hybrides étaient des mutants truffés d'électrodes, de puces et de prothèses, mi-robots, mi-organiques. Ils venaient généralement des latitudes septentrionales. Il y avait aussi les purs, les traditionnels, ainsi que des mutants, ceux qui avaient pris une tangente psychique et physiologique composite et qui étaient pansexuels. Ils portaient un drapé qu'ils relevaient sur leurs épaules par temps chaud.

Wow! Ce dôme impressionnant couvrait ville et campagne à la fois. Là-haut, dans l'ombre, les jeux de lumière aux effets prodigieux passaient à travers d'innombrables lambeaux multicolores accrochés en guise de paravents acoustiques. L'atmosphère était calme et, au fond, dans un vague turquoise sombre, la faune marine frôlait les parois de verre. Je humais encore cette douce bouffée de cannelle, de baie de genévrier et de cèdre. C'était le parfum de l'homme, il était là, je le savais. Je me suis retourné.

— Au nom du cœur de la terre, du cœur de la mer et du cœur du ciel, que le dieu Teguaial bénisse tes rêves. Tu es le bienvenu sur l'île des sociétés de connaissances perdues, mon ami Sourire, le dernier des mondes, là où les rencontres se mêlent.

— Comment me connaissez-vous?

Il a ricané affectueusement.

— Déduis, mon ami Sourire… Tu es un grand homme, et nous savions que tu venais.

La voix de l'homme est devenue basse comme s'il me faisait une confidence.

— Nous étions très nerveux à ton arrivée et nous sommes désolés de cela. Nous n'avons pas l'habitude d'une personnalité si inspirante qui vient des très lointains temps qui se sont perdus.

— Je vous rends grâce pour votre gentil compliment. Que puis-je savoir de ces connaissances perdues?

— L'esprit de tes ancêtres vit ici, où tout a commencé, jadis, dans les ténèbres, puis où la Lune s'est mariée au Soleil pour enfanter la Terre. Si cela est ta croyance, elle existera tant que tu vivras ici, dans ce monde où l'imaginaire est réel.

L'homme a enchaîné sur l'évolution humaine.

— Nous sommes également le produit de la science-fiction. Jadis, nous avons modifié notre environnement, mais cela n'a pas marché. Puis nous avons été forcés de nous adapter à l'environnement souterrain. Regarde-nous, maigrichons, avec notre pâleur d'albinos et notre tête aux yeux exorbités! Vivrions-nous encore plus dans le sombre des souterrains que notre peau ferait transparaître nos organes vitreux de cavernicoles dépigmentés. La majorité de nos espèces hominidées sont reparties vivre à la surface, où l'air s'est refroidi et où il est à nouveau bon de vivre, et plus que jamais, elles se sont merveilleusement adaptées. Il est étonnant, ce pouvoir d'adaptation qu'un organisme a face à des environnements étrangers.

L'homme m'a guidé vers une section de l'immense complexe, vers le musée du temps. C'était un endroit superbe. Les trésors des hominidés y étaient conservés.

— Le sujet des derniers quarante-cinq mille ans est si riche que depuis l'apogée de l'ère des grandes chaleurs, de passionnantes histoires s'ouvrent, pareillement aux anciennes tombes égyptiennes. Les fameuses génobanques, nous les avons trouvées, elles sont bien conservées dans une section souterraine du musée. Nous dialoguons avec les souvenirs du tissu spatiotemporel. Nous étudions les guerriers de la civilisation avancée en décodant la mémoire des microcristaux trouvés sur les sites de Parisse, Vasinton et Sanguè. Voici, à votre gauche, une carte antique du monde. Remarquez les divisions. Et là, en face, en cryogénie, repose une collection rare d'indigènes originaux de l'Asiquainie et de l'Euriquanie. Ce sont les ancêtres de nos mutants. Sur ces sites, nous avons prélevé quantité d'ameublement en fossilisation, des morceaux d'outils, de véhicules, des déchets carbonisés. Ils nous révèlent leur mode de vie. Par exemple, ces objets, ici, servaient à consigner quelque chose de drôle. Cette tablette faisait tantôt pleurer, tantôt rire ceux qui la regardaient, exactement comme ces autres tablettes d'argile cuite. Il paraît qu'elles stimulaient les émotions.

Je me suis immergé dans une immense collection d'antiquailles, de squelettes et de crânes, de pierres et de silex. Je connaissais tout ce qu'il me montrait. D'autres visiteurs curieux se sont approchés en écoutant ce que mon guide m'enseignait. Une dame s'est mise à rechigner au sujet des envahissements passés pour le fameux pouvoir.

— Cela m'écœure au plus haut point, a-t-elle fait savoir.

Puis elle a souri, comme pour s'excuser d'avoir été trop directe.

— C'est de l'histoire passée, lui a sagement dit le vieil homme. Ne vous énervez pas comme ça, on doit rester objectif quand on regarde le passé. Il apporte la sagesse sur les décisions à venir. Nous sommes les artisans d'un passé qui sera l'histoire du futur. J'avoue que malgré les événements choquants, il faut comprendre que l'humain n'a pas fait beaucoup d'erreurs dans l'atteinte de ses objectifs, mais qu'il a malheureusement commis des erreurs d'objectifs… Et vous ? Êtes-vous prête à utiliser votre précieux temps à cultiver le bonheur ?

Il s'est détourné d'elle poliment, elle s'est éloignée gentiment.

Le vieil homme a soufflé sur la poussière qui s'était accumulée sur un long coffre. Il s'est étouffé alors qu'il prononçait des paroles bizarres dédiées à la femme révoltée.

— Elle ne doit pas cacher sa liberté derrière une porte verrouillée. En elle, bien emprisonné, son organisme cybernétique rétrécira, et le mot de passe de la liberté disparaîtra de sa mémoire. Elle devra alors apprivoiser à nouveau la liberté pour que la porte s'ouvre délicatement. Mais là, ce sera encore plus atroce.

Il a ouvert le coffre avec effort, a soulevé délicatement un linceul, découvrant un corps déshydraté. Il a dit d'une voix douce :

— Voilà la momie du Jeune Pharaon, ton ami, celui qui t'a donné l'amulette d'or.

— Comment le savez-vous?

— Tu ne déduis toujours pas? La chose la plus difficile – et même impossible – à convoiter sera le «rien». C'est toi, mon ami Sourire, qui m'as inculqué cette leçon qui a changé le cours de ma vie. Le fameux cristal que les rois ne pouvaient attraper, c'était le summum du luxe. Très peu d'entre nous, surtout pas moi, ne pouvaient se l'offrir. Là, de l'autre côté de la mort, je reste sur ma faim, et la nourriture est abondante. Certains sont téléportés dans les époques, comme toi et moi. Je suis un organisme génétiquement modifié, fabriqué à partir du génome de ma momie et, ironiquement, j'ai toute la mémoire de mon passé de monarque... Je suis le Jeune Pharaon!

J'étais complètement abasourdi.

— Ça alors! J'aurais dû me douter! Le parfum du Jeune Pharaon. J'avais eu cette sensation de déjà-vu. Vous êtes la réincarnation de vous-même. C'est vous, l'homme que mon ami me faisait chercher?

— Ah bon? Je ne crois pas! Se pourrait-il qu'il s'agisse de quelqu'un d'autre? Je ne suis qu'une graine semée parmi les innombrables qui croisent ton chemin de vie. Ce sont d'heureuses rencontres qui sont fondamentales dans le souvenir d'une vie fortunée.

Il m'a regardé franchement.

— Contrairement à ce que j'avais dans mon ancienne vie, je n'ai rien. Heureux avec rien, c'est avoir tout. Mais j'ai un but, une mission plus grande que ma compréhension et qui inspire autrui. C'est une action qui génère des réactions et avec le but viennent les ressources. Cela donne une âme à ma vie. Mon avenir est dans la recherche du rien. C'était une valeur difficile à obtenir dans l'autre monde, mais pas ici. Sache que je t'admire dans ta quête, quoique je ne t'envie pas, mon ami Sourire.

C'était drôle que cet homme me crédite de cette pensée sur la difficulté d'obtenir rien. Je n'exprimais que des pensées cueillies en chemin, venant d'autres et du respire. Je n'étais qu'un canal.

— Tu connais la brèche à travers laquelle nous traversons dans les présents ? Tu as déjà vu ce moment, viens-tu de me mentionner ?

— Quoi ? La brèche ! Oui. Je sais que je traverse les époques, mais j'ai un doute sur cette brèche, car je croyais que je devais mourir pour y accéder. Alors c'est vrai ? J'ignore totalement la manière d'y passer. Vous faites référence à ces déjà-vu ? Pourquoi ?

Cela me faisait frissonner et, du coup, j'ai pensé au Cordonnier et à sa vision.

— Assurément, a dit l'homme. Le conscient n'appréhende pas ce phénomène. Viens, mon ami Sourire, je t'offre de réaliser l'expérience ultime d'outre-dimension. Tu verras que ces déjà-vu indiquent un très intense présent. Ils sont l'accès à la fameuse brèche. Viens par ici. Sur ta gauche, voici la chambre noire du musée du temps. Entre, s'il te plaît.

Nous nous sommes étendus sur une mince natte de coton dans une obscurité totale. Après une dizaine de minutes de semi-conscience, j'ai vu un visage immatériel sortir d'un coin de mur avant de se retirer. J'avais vu ce même phénomène lorsque j'étais petit. Mais là, j'ai senti un souffle sur mon bras gauche. Cela m'a fait trembloter. L'homme m'a chuchoté :

— Voilà le déjà-vu. Nous y allons.

Nous avons été aspirés dans la fine brèche de ce présent intense. Une inscription vaporeuse nous est apparue ; le signe « moins » et la référence de l'instant « zéro », suivis d'un « plus » [− 0 +]. Nous avons avancé vers le plus. Plein de chiffres ont défilé rapidement.

— Au combientième avons-nous stoppé ? ai-je demandé.

Nous nous sommes arrêtés à cinq mille. L'inscription indiquait encore [− 0 +]. Le mur s'est fendillé, et j'ai jeté un coup d'œil sur ce monde.

— Je vois un monde très étrange, Pharaon, mais il est dans le présent.

— Effectivement, tu n'es pas dans le futur. Tu es dans le temps nul.

Nous sommes retournés dix mille ans en arrière. Je ne voyais pas de passé non plus, toujours un présent.

— Voilà, m'a dit le Pharaon, l'Univers est l'espace d'un instant infiniment parcellaire et inappréhensible. Il n'y a pas de passé ni de futur à l'échelle de l'Univers, et le présent n'est pas un temps : il n'existe pas.

Nous avons ouvert les yeux, riches d'une expérience fascinante et concluante.

L'homme a fouillé dans sa poche.

— Voilà, je t'offre la seconde amulette. Elle s'emboîte à l'autre.

J'ai sorti la première de ma poche. Les pièces d'or s'épousaient à merveille. J'ai examiné attentivement les gravures. Le message contenu devait correspondre au temps.

— Le cercle représente l'ère méga, c'est-à-dire l'ère d'expansion, et le point au verso est l'ère nano, ou l'ère de contraction.

Pareillement aux discussions avec les maîtres dans l'île aux statues géantes. Mais rien de ça ne semblait me conduire à mes racines.

L'humain venait de Dieu, alors il pouvait se permettre de jouer à Dieu, de manipuler son intellect et son environnement, d'évoluer. J'ai vu tant de gens à évolution variable. Lamentablement, l'âme de certains érudits s'est transformée en monstre rustre, car la sagesse s'envole si on ne la cultive plus. Mon âme avait jadis été si imprégnée de douleur qu'elle n'avait tenu qu'à un fil, et la seule façon d'extirper la gangrène du mal était de couper ce fil… Que je m'extirpe de cette vie. Mourir parce qu'on était malheureux. Ou mourir parce qu'on était heureux ? Oui, je l'avoue, un jour, dans un moment d'exaltation – j'étais assis sur une pierre au bord d'une vallée immense et profonde, la lumière de notre étoile du jour révélait la magnificence des couleurs –, j'ai souhaité mourir, sur cette pierre où mon cœur débordait de bonheur. À croire que la mort comportait aussi le bonheur et que se finissait là, en beauté, la symphonie de la vie. La mort était-elle entière ? La vie était un chaos où l'ordinaire des mortels ne souhaitait pas mourir.

J'ai relâché un merci pour la transmission des valeurs de la vie. Quand la mort se nourrissait de la vie, la mort devenait la vie. Elle donnait la vie pour qu'elle meure.

— Respire l'air frais. Hume!

Je marchais au rythme de l'évolution, à la même vitesse que le temps, l'Univers. Elle oscillait mollement dans le présent en cueillant les saisons. J'étais dans la grande aventure de la vie. Je sentais à nouveau la courbe de la Terre sous mes pas. Je pensais, créais, évoluais en déambulant à pied. Je reprenais conscience de mon être. Je m'harmonisais, jouissais et souffrais. Puis je m'éclatais de vie, pareillement à ces animaux et plantes curieuses autour de moi.

Mon esprit vagabond était bien assis sur la cime de mon corps encore albinos du fait de l'époque souterraine. Il dansait en pas habiles. Je stimulais des ondes en balançant mes bras comme des antennes. Et oups! J'attrapais au vol des messages qui nourrissaient l'âme.

«Bienvenue sur notre Mère la Terre,» m'a dit étrangement un message.

D'où ça venait? D'un déjà-vu? J'ai relâché un merci! Mais à qui? À quoi?

J'étais entré dans un monde très étrange, dans un futur encore plus lointain. Les animaux et la végétation m'étaient tout à fait exotiques. Étais-je sur Terre? Je ressentais la même force gravitationnelle que dans mes anciennes vies et je voyais une chance de repartir à neuf, fort d'une conscience plus élevée. Alors, à l'inverse des humains d'antan, j'ai décrété que c'était moi, le sauvage. Je m'apprivoiserais. J'observerais leurs manières.

Un soir, sous un arbre de mousse en pendrioche, j'ai arrangé mon lit en nettoyant le sol avec un bout de branche. Comme avant, mon corps barbouillé en épousait parfaitement les imperfections.

Là-haut, la déesse la Lune était triste. Son visage était profondément hachuré de gisements miniers abandonnés. Coulait dans mon ventre la nostalgie de son regard de jeune fille inspirant mille et une nuits de fantaisies. Jadis, sous la Lune, le troubadour lui récitait des poèmes et chantait la pomme à son amoureuse. Qu'elle était belle alors, intacte et bien ronde! On croyait qu'elle venait des ténèbres et qu'elle avait enfanté la Terre en se mariant avec le Soleil. Cinquante-huit mille printemps auparavant, l'humain avait marché sur son sol blanc, puis sur Mars, Vénus et d'autres planètes et lunes. Il les avait toutes colonisées en pensant en tirer les ressources et s'y adapter. Elles étaient désormais désertes et affreuses.

La nature avait repris ses droits et continuerait à le faire comme notre Mère la Terre l'avait fait. Comme toute évolution, l'humain aurait une fin. Je me suis demandé ce qu'imagineraient les autres de ces empreintes laissées.

Je me suis envolé lentement dans le monde des songes. Mes paupières s'alourdissaient sur mes yeux vieillis pour une nouvelle nuit de rêve.

Au réveil, j'ai empli mes poumons d'air frais sans discontinuer. J'ai étiré mes bras et mes jambes, et comme en plein orgasme, j'ai arqué mon dos. J'ai tortillé les muscles de mes épaules, de mes poignets, de mes chevilles. Curieusement, j'étais enrobé d'une chaleur douce et velue. J'ai ouvert les yeux. D'étranges petites créatures étaient blotties tout contre moi, partageant ma chaleur.

— Ne vous en allez pas, mes chaudes doudous! Mais elles ont disparu, comme chaque matin d'ailleurs.

Je me suis assis sur un tronc en tâtant mon sac, qui contenait ma maigre réserve de noix et de baies. Je regardais de loin des créatures étranges. Des monstres! Ça me paraissait mi-végétal, mi-animal, sans racine ni tête.

Elles ont réapparu après quelques jours. Il y en avait de toutes petites, pas plus hautes que mes genoux. Elles roulaient littéralement sur elles-mêmes de derrière les arbres trapus. Ces arbres me rappelaient l'ère des humains joufflus. Leurs racines imposantes couraient en surface sur des longueurs impressionnantes. Les volées d'oiseaux à bec crochu qui semblaient voler à l'envers parais-saient aimer se suspendre aux grosses branches. Je me suis demandé pourquoi.

Elles s'approchaient en zigzaguant et en roulant sur elles-mêmes sur des tentacules qui se termi-naient par des sortes de mains ou de pieds sans doigts. Impressionnant! Des membres couleur d'écorce fixés sur une boule de chair luisante sur laquelle étaient accrochées des protubérances.

Devais-je m'enfuir? Voulaient-elles ma nourri-ture? J'ai reculé un peu, paré à déguerpir ou à foncer de rage. Elles ont attendu un moment, puis ont avancé lentement en faisant de joyeux sons.

— Quelle bizarrerie? me suis-je questionné tout haut. Sont-ce des roulipodes?

Oui, c'étaient des roulipodes! Elles étaient cinq autour de moi à baragouiner dans un langage indécodable.

— Ne me touchez pas ! Que faites-vous là ? Vous n'avez jamais vu d'humain ? me suis-je exclamé d'un ton inquisiteur.

— *Win-ya ! Ow-youw ? Ouill ? Awe iou aoum-mlak-ibaow !*

Une kyrielle d'interrogations et d'exclamations sonores s'entremêlaient. Ça me zigouillait l'ouïe ! Une roulipode m'a effleuré le visage en faisant serpenter ses longues branches molles. Ensuite, mes cheveux, les poils de ma poitrine, mon sexe et mes jambes. Et mon sac bien serré dans mes mains. D'autres pieds tentaculaires rampaient sous ma chemise, palpant mon ventre gargouillant. Ces sons prononcés en zigzag m'étonnaient et les fins flagelles, qui semblaient connectés à mes neurones, me faisaient appréhender l'échange de gigamilliards d'informations.

Elles me scannaient, ma foi !

Curieusement, à la base de leurs branches pendaient des protubérances, dont certaines ressemblaient à des tubercules. Une des roulipodes faisait ma hauteur. Elle semblait être mature. D'un coup, elle s'est agitée frénétiquement. Un fruit de la taille d'une pomme de terre est tombé en se fendant un peu. Les créatures ont reculé. Je discernais des signes.

« Vas-y, prends-le… Mange ! »

Je n'ai rien entendu. Je devenais vieux. Était-ce mon acouphène ? J'ai saisi le fruit légèrement fendu, dont le jus coulait sur sa pelure sèche. Il dégageait une odeur de marmitée prête à servir. Je salivais. C'était silence. Les roulipodes ne bougeaient plus, comme si elles voulaient que je mange ce truc brun.

« Vas-y, mange. N'aie pas peur ! »

Je délirais ! J'entendais, mais pas avec mon ouïe. C'était comme si elles réagissaient à mes pensées. Avec mon petit silex, j'ai pelé ce fruit… ou ce légume… ou ce *fast-food*. Mes lèvres l'ont frôlé. J'ai mordu et j'ai mangé ! Je ne pouvais m'empêcher de… Ouf ! La savoureuse sauce me dégoulinait sur le menton. Mmmm !

Mes yeux se sont arrondis. Oh non ! Et si c'était poison ? Tant pis ! Que je meure. Slash ! J'ai dévoré d'un coup tout le reste de ce délice. J'ai craché le noyau de ce fruit de vie qui se réincarnait en combinant nos énergies afin que l'on fasse un bout ensemble. Cette heureuse rencontre du hasard, elle provenait de quoi ? De cette grande soupe, ai-je pensé.

« Affirmatif, m'a-t-on répondu dans un murmure silencieux. Nous sommes dans une soupe de pensées qui mijote, et elle a le goût de ce que l'on veut. C'est magique. Tu veux un goût amer ? Le voilà. Tu veux un gout suave d'amour ? Le voilà. »

— Si demain on marche ensemble dans le bonheur, penses-tu que les autres vies pourront y goûter ?

« Affirmatif. Elles goûteront un peu ce qu'on ressent. Les influences transforment les vies. »

Je me suis approché pour prendre un autre fruit. Elles ont reculé. Je les ai rattrapées après une quinzaine de pas, puis j'ai feint de m'en retourner.

« Venez, suivez-nous, mâle ! »

J'hallucinais, ma foi. Ces voix étaient dans ma tête ! Étais-je dans une phase d'inspiration débordante ? Une roulipode s'est mise à trembler et un fruit est tombé. Diable ! Elles voulaient m'apprivoiser ! Réellement, c'était moi le sauvage. Était-ce un jeu ? Un piège ?

J'ai déposé l'aliment dans mon sac avec l'idée heureuse que je pouvais détourner mon destin en prenant une nouvelle route. C'était fascinant, cette facilité. Elles étaient si *cool*. Je me suis pris à les suivre jusqu'à leur harde.

Je n'avais jamais vu de monde me témoigner autant de politesse, d'amabilité et de générosité. Je me sentais enveloppé de toute part. Je luttais vainement, bien armé de mon sourire, contre cette sollicitude tentaculaire. J'en perdais mes offenses et mes défenses.

Et il y avait les autres… Les hominidés… Mâles, femelles et rejetons qui s'activaient docilement çà et là. Certains faisaient le service tandis que d'autres vaquaient au tissage. Dans un coin à part du jardin sauvage, on en apercevait qui somnolaient, nonchalants, en se faisant câliner par les roulipodes. Elles avaient créé des hybrides, des races d'humains pour assumer des tâches et des jeux variés. Il y avait de très grands hominidés et de tout petits, affichant toutes sortes de caractères.

« Vos arrière-pensées mêlaient vos idées, m'a soufflé l'une d'elles. C'était une infidélité à vous-même… Les autres espèces étaient pures comme le diamant. »

— Diamant ? ai-je répété, sidéré.

C'était ridicule. Avais-je de nouvelles qualités extrasensorielles ?

« Affirmatif. Mais limitées. »

— Alors vous lisez dans mes pensées ? Vous lisez même les pensées improbables ?

« Affirmatif, même celle-ci, a assuré une autre roulipode, qui était grande. Mais nous ne jugeons pas. »

— Ho ! Ma pensée grivoise ?

« Négatif. Celle du diamant. »

Pourtant la Petite Vieille et moi communiquions avec le langage de l'esprit. Le vent transporte les messages qui entrent par le respire. Et par ce respire, toutes les vies sont unies les unes aux autres. C'était la même chose.

La roulipode m'a renseigné.

« Nous avons apprivoisé les hominidés le temps d'une trêve dans leur lutte de pouvoir. Notre influence pacifique a adouci leurs mœurs et leur humeur. Ils sont d'excellents compagnons, d'ailleurs. »

Je suis toujours hyper curieux de connaître l'origine des gens – tellement qu'un jour, Hakân m'avait dit : « *Tu n'es pas obligé de le demander à tous les passants.* » J'ai demandé en pensée en lançant un regard de biais à la grande roulipode :

— Quelles sont vos origines ?

« Nous sommes cousins, mon mâle ! »

— Quoi ? Je n'ai pas deux ou trois douzaines de tentacules et des boursoufflures...

« D'origine microbiologique, comme la vôtre. »

— Oui ! Mais comment ?

« Nos ancêtres microvies se sont agrippés à vos vaisseaux au moment de votre retour sur votre Mère la Terre. La réduction de la diversité de la vie indigène fait toujours accroître les invasions exotiques, c'est élémentaire... Et nous voilà ! »

J'ai repensé à l'histoire de racines du Cordonnier.

« Disons que nous avons des racines ambulantes », a renchéri une roulipode avec humour.

Je riais jaune, comme les anciens de l'empire du Milieu. J'étais inquiet face à cette réalité de communication avec l'idiome de l'intellect.

— L'humain aurait eu pour fin de servir de vulgaire instrument d'échange au bénéfice des microvies venant de l'au-delà ?

« Affirmatif ! » a confirmé une des roulipodes.

« Les micro-organismes sont à la base de toutes vies, ils forment le plus grand réseau d'intelligence vivante. Il y en a des milliards de milliards en vous qui vous dirigent, qui vous fabriquent et qui communiquent entre eux. Ils entrent et sortent de partout, par la peau, par les orifices, par l'eau que vous buvez, par la nourriture et par le respire. Pourquoi ne faites-vous pas confiance à votre organisme ? Il est plus intelligent que vous. »

— Quelle éclisse ! L'humain n'avait jamais été le maître des vies terrestres. Il était programmé ? Vous, les roulipodes ? J'aurais plutôt pensé aux dauphins, aux corbeaux, aux chimpanzés ou même aux poulpes ! Dites-moi… Je rêve ?

J'ai senti leur désolation, une forte empathie pour ma tristesse. J'ai coupé leurs pensées en me détournant d'elles. C'en était trop. Je ne comprenais plus. Elles étaient les maîtres et moi, un humain, un sauvage rustre, j'étais domestiqué.

— Quelque chose m'échappe, ai-je dit à une femelle hominidée hybride dont la peau était marbrée de blanc, de brun et de noir. Sa chevelure rouge était longue, avec des mèches dorées. Si la société des humains s'est fait envahir par la société de la nouvelle culture, alors comment fonctionnent ces sortes de pieuvres bizarres qui roulent ?

— Elles ont le même moyen de communication que les fourmis, l'empathie et le flair canins. Elles peuvent voir dans le noir, capter les ultrasons comme les chauves-souris et les champs magnétiques comme les oiseaux et les papillons. Aucune technologie artificielle n'est à la hauteur de ces propriétés naturelles. Nos tentatives pour les maîtriser sont caduques.

— De quoi se nourrissent-elles ?

— De fiente.

— Quoi ?

— Elles absorbent par leurs flagelles la fiente des oiseaux pendus aux gros arbres. Et les oiseaux se nourrissent de tubercules.

— Oh ! Les tubercules ! J'en mange ! Ma mémoire gustative appréhendait une réaction gastrique expulsive. Je n'étais pas le seul à avoir gouté à ces fruits. Les roulipodes nourrissaient les animaux et leurs hominidés domestiques. Et à partir des noyaux recrachés naissaient les bébés roulipodes.

Et à la façon d'un enfant qui possédait un chat ou un chien, chaque petite roulipode possédait un hominidé domestique.

— Comment vivez-vous sans le pouvoir suprême?

— Grâce à l'Amour

— L'Amour?

— Les roulipodes la possèdent, la particule.

— La particule Amour? me suis-je exclamé.

— Oui, mâle, elles contrôlent cette particule. Elle est très volatile, impossible à isoler dans une fiole de labo. Elle stagne, puis s'envole plus vite que la pensée. Elle serait pourtant plus dense et intense que l'étoile à neutron. C'est elle qui fait le lien entre les écoles de mystère et la science empirique, lesquelles proviennent de la spiritualité, de l'imagination, qui provient du premier pourquoi de la nuit des temps.

— Comment concevoir une particule si volatile?

— L'Amour dépasse toutes pensées. Nous ne pouvons pas concevoir et encore moins appréhender l'Amour, non plus que prévoir quand l'Amour viendra ou nous quittera. Il est plus rapide que la pensée. Les roulipodes saisissent l'Amour quand elles le veulent, il est partout, semble-t-il. Nous n'appréhendons pas. Parce que nous contredisons le mystère versus les sciences empiriques.

— Nous sommes dans l'ère nano, l'époque minimaliste. Contrairement aux époques maximalistes, au temps des dogmes abrahamiques des trois religions sœurs et hindouistes bouddhiques, tous de même origine de toute façon, nous vénérons l'omniscience de l'infiniment petit.

Puchi-Namus-Mino-Pus-Zir-Nomar-Kadou-Pou. C'est le nom de la divinité Infiniment Petite. La particule Amour.

— Évidemment, ai-je dit à la femelle… Une déité si infime mérite une courte dénomination !

Je me suis détourné de la femelle pour continuer d'explorer ce bled. Je m'adaptais facilement à cette léthargie causée par le fait que nous avions tout, nourriture, confort et passe-temps. Nous n'avions pas à chercher comme au temps où l'humain régnait. Toutefois, ce n'était pas sans me créer quelques tracas sur mon chemin de vie. Même si j'avais décrété la domestication, j'avais la nostalgie des temps où j'étais le maître de moi-même, un sauvage.

Un jour, juste avant qu'elle aille se faire câliner par sa maîtresse roulipode, j'avais posé une question à la femelle. Elle m'avait répondu par une question surprenante.

— Dans lequel des deux univers crois-tu qu'il y a le plus d'espace ? Dans l'infiniment grand ou dans l'infiniment petit ?

Ça valait une réflexion bien mûrie… Oh ! Franchement, je ne savais que répondre… Y avait-il plus d'espace dans l'infiniment grand que dans l'infiniment petit ? Euh ! C'était clair… Je savais… Je savais que je ne savais pas… La question de la femelle m'a fait passer des nuits blanches. Un vrai mystère. Puis j'ai accepté cette logique : pourquoi pas un dieu infiniment petit, surtout dans la particule Amour…

Nous marchions dans une petite forêt, non loin de la communauté. Comme toujours, la femelle marbrée me surprenait sans cesse avec cette interaction entre les humanoïdes et les roulipodes.

— Leur connaissance de l'infini constitue une excorporation.

— Une excorporation ? N'est-ce pas une déjection ? ai-je dit en plaisantant.

— Non ! Rien à voir avec de la merde, m'a rudement repris la femelle.

— Ok, les roulipodes sont des excorporatives ? Mais elles ont un corps…

— Oui et non, mon mâle. Leurs pensées et leurs émotions s'accrochent d'une particule à l'autre comme si le cosmos était un grand cerveau et se composait de neurones. Elles n'ont pas de cerveau, l'Univers est leur cerveau, ce n'est pas quelque chose de mort, l'Univers. Leurs pensées ne sont pas dans les roulipodes que tu rencontres. Ces créatures se sont affranchies de leur corps, contrairement à nous, humanoïdes, qui sommes des incorporatifs. Nos pensées sont emboîtées dans notre crâne et il y a une infinité de choses qui ne sont pas appréhendables pour nous.

Ça confirmait ce que je pensais. Il n'était pas nécessaire d'avoir un cerveau pour contenir l'intelligence. Elle n'était pas le produit du cerveau, elle était partout. Un cerveau n'était qu'un ensemble de neurones, les sens étaient des antennes. Un Esprit n'avait pas de cerveau et était considéré comme intelligent. Si le brin d'herbe et la structure monocellulaire étaient intelligents, alors les gaz, les minéraux l'étaient aussi. Ils évoluaient lentement dans l'espace au fil de milliers, voire de centaines de millions d'années. Alors si j'étais un végétarien, considérerais-je les végétaux comme de niveau inférieur sous le règne animal et sans intelligence ? Clairement non !

Pour un temps de repos, nous nous sommes assis les jambes croisées et nous avons dégusté un délicieux fruit qui goûtait cette fois le bon poulet tikka massala.

— Tu connais la fameuse question « être ou ne pas être » ? Jasy et moi avons longuement discuté des questions existentielles. Nous nous assoyions de longues heures, observant la sérénité de la faune et de la flore. « *C'est vrai !* » avait répliqué mon amie Jasy. Quelque part dans son lointain passé, l'humain a perdu son état d'être. Le reste de la nature est. Une intelligence ne se questionne pas sur son état. Elle *est*. L'humain n'*est* plus, le pauvre… Tout de même, j'avoue que votre monde m'étonne, entre autres à cause de son organisation sociale et cette colonisation par les roulipodes.

La femelle m'a expliqué en faisant de gracieux gestes autour de sa tête avec ses bras et ses mains :

— Notre constitution sociale est fluide comme celle d'un individu. Elle est évolutive. Elle est conçue, elle naît, grandit, vieillit et meurt. Le guide des harmonies est la tête. Il est l'Esprit, l'empereur de la bicéphalie positive et négative, ainsi que des unions et des divisions. Ces polarités bicéphales représentent des valeurs tangibles et intangibles, elles sont les deux membres, les bras. On a besoin de la gauche pour avoir une droite. La répression est l'amputation de l'une d'elles. Entre ces bras, il y a le cœur, le représentant des émotions. Chaque valeur est en lien avec les mains, et chaque main comporte cinq niveaux décisionnels pour chacune des valeurs. Nous avons dix conseillers, les dix doigts des deux mains. Tu vois ? Notre gouvernance est un corps qui déambule dans son évolution grâce aussi à ses membres inférieurs. Regarde ma main, elle est préhensile. Seul mon pouce peut s'opposer aux autres doigts. Le pouce est le sage, l'aîné qui stabilise les autres, le seul qui a passé toutes les étapes de la vie. Les mains tiennent les cinq âges, les dix représentants : l'auriculaire – la conception et le fœtus ; l'annulaire – la naissance et l'enfance ; le majeur – l'adolescence et la majorité ; l'index – la maturité et l'accomplissement ; le pouce – la sagesse et la mort, car la mort fait partie de la vie, comme la conception et l'Amour avant et après tout.

J'ai pensé à la Petite Vieille qui enracinait ses doigts dans la terre. Intuitivement, elle répondait à la même gouvernance. Cela m'a donné espoir. Le message de la convergence de la vie, de l'arbre de vie, c'était de renouer avec nos racines, nos ancêtres, en gardant à l'idée de se nourrir de la lumière de l'éternel, vers les branches de nos descendants.

Voilà. Elle avait répondu à l'un de mes questionnements.

Malgré la douceur des roulipodes, ces êtres surnaturels, j'ai joué de ruse pour éviter l'apprivoisement. Pour ce faire, je me suis caché de moi-même, mais elles m'ont lu. Ironiquement, elles n'ont opposé aucune résistance à ma fuite. Elles savaient que j'étais probablement le seul survivant sauvage de l'espèce. Probablement une espèce disparue.

J'ai posé ma main droite sur mon cœur, puis mes doigts sur ma bouche pour leur envoyer un chaud baiser. Je suis parti vers d'autres mondes, ailleurs. Il y avait un message puissant dans les enseignements que je venais de vivre. Cela m'avait encouragé à poursuivre ma quête, j'avais une piste.

XII

La lumière d'émeraude

*ENCORE PLUS ULTÉRIEUREMENT, ENTRE VÉNUS ET LA
TERRE + 84 801 ANS*

Autrefois, j'étais étendu sur le dos, les mains
derrière la tête, dans le désert le plus aride du
monde. La voute céleste, sans lune, était diamantée d'étoiles. La Voie lactée couronnait la
planète d'un blanc pétillant. C'était merveilleux. En ce temps précieux de tranquillité,
beaucoup de souvenirs me passaient en
mémoire. Je me rappelais que le Jeune Pharaon
m'avait dit qu'une des étoiles était aussi proche
de moi que l'Amour. Je repensais à l'amour de
ma vie, cette jeune fille au visage masqué de
boue, et je me disais qu'un jour, j'irais visiter
l'une des cinq étoiles vagabondes qui ne suivaient pas les autres : Vénus, la planète de
l'Amour. Ce jour est arrivé, avec les progrès
technologiques.

J'ai donc mis le pied sur la planète ardente. Elle
était chaude, mais nous connaissions la chaleur :

jadis, nous savions coloniser les souterrains terrestres pour trouver la fraîcheur. Pendant que s'effectuait le ravitaillement en énergie cosmique et en nourriture, j'ai fait une halte repos. Ça m'a ramené au temps de la vie souterraine, sauf que là, j'étais dans un gîte sympa. Encore une fois, il y avait de ces gens qui nous appelaient sans le moindre signe. J'étais au salon. J'ai jeté un coup d'œil à ma droite. Une gentille dame de mon âge m'a souri comme si je lui étais familier. Je me suis approché. C'était bizarre. L'Univers s'est tu un instant... quelques minutes... quelques heures... peu importait. Ça m'a fouetté. Nos esprits dansaient vivement comme deux vieux vagabonds perdus dans une douce attraction.

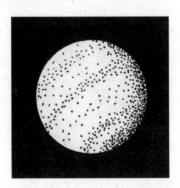

Elle parlait vaguement d'une croyance qui avait réellement fait ses preuves.

— Non, je te le dis ! C'est elle qui me l'a raconté. Enfin ! C'était concluant. Comme toutes les croyances, d'ailleurs, quand on y croit vraiment. Croire en un mystère, c'est croire en une mythologie, et croire en une mythologie, c'est aussi croire en une superstition, en une révélation aussi. Qu'importe. Croire, c'est créer l'irréel.

Elle rayonnait de paix. Nous nous sommes retirés dans ses quartiers. J'étais curieux. Je me souvenais de tout, comme si c'était hier... et de ses premières paroles.

— Qui es-tu ?

— Je suis moi, lui ai-je répondu.

— Je veux dire de quelle appartenance es-tu ?

— De la mienne ! Oh ! Je vois où tu veux en venir...

Je faisais toujours gaffe avec ce sujet qui blessait et tuait. J'ai pris le risque.

— Libre penseur.

— Et alors...

— Et alors quoi ? Je me nourris de ce qui m'inspire au passage, comme tout voyageur au long cours. À la carte. Ma foi, c'est l'Amour. Je le prie, je l'adore, je l'idolâtre, je l'embrasse, je le caresse. C'est la beauté à l'état pur, le coup de foudre éternel. Je le cultive avec attention pour que la récolte soit tellement abondante que je ne puisse la garder toute.

Ses yeux se sont attendris et sa main s'est approchée de la mienne.

— Mon seul vœu est que mon être se transforme en Amour. Je crois en lui, c'est le seul que je puisse toucher. C'est l'état divin, le suprême créateur, et je sais qu'il est en moi et moi en lui. Voilà ma foi.

Un seul mot est sorti de sa bouche.

— J'aime.

Ça sentait l'amour à pleine poitrine et, du coup, je lui ai demandé si elle était déjà tombée amoureuse.

— Oui, deux fois. Il était si beau, je savais sa beauté intérieure. Ses lèvres étaient généreuses et ses petites oreilles lui donnaient un genre mignon, il affichait un regard intelligent mais il devait partir. Je lui avais chuchoté : « *Va voir si cet amour était fait pour nous.* » Il ne m'est jamais revenu. Puis j'ai eu un second amour. Je lui avais offert ma vie et il a enfoncé sa lame dans le cœur de mon cœur. Blessée, j'ai refermé ma coquille. Il manipulait mon amour. On n'enferme pas l'Amour dans une cage. L'Amour, c'est libre comme l'oiseau qui s'envole. S'il t'aime vraiment, il reviendra sur ton épaule pour frôler ta joue.

Je n'ai pu m'empêcher de lui poser la fameuse question :

— Qu'est-ce que l'Amour pour toi ?

Elle a joliment serré ses lèvres et m'a fixé. Ses yeux me rappelaient une oasis émeraude prise dans un désert d'or.

— Il est là, en face de moi.

— Oh !

Le grand bonheur a gonflé mes poumons, comme celui que j'avais connu jadis, dans un instant d'éternité.

— Il est dommage que le temps s'étire à l'infini lorsqu'on est malheureux. Que la vie est mal faite à certains égards ! Cela ne devrait-il pas être le contraire, n'avoir que des balbutiements de malheurs et vivre des éternités de bonheur ?

Là, je n'avais pas peur de perdre ce bonheur. J'ai frôlé doucement sa joue de velours joliment froissée. Elle a aimé.

— Et la force sexuelle ? lui ai-je demandé.

— Elle est l'énergie vitale qui, bien cultivée, élève au rang des dieux et des déesses.

— L'éternité ?

— Jadis, l'éternité était ailleurs, toujours plus loin dans l'espace, ou même ailleurs encore. Pourtant, nous y étions, dans l'espace, et l'éternité d'un autre rêveur était sûrement ici. L'éternité était l'antiphysique, la légèreté, une compression sans gravitation inimaginable d'énergie pure libérée. Un chatouillement divin.

Nous nous trouvions sur un moelleux canapé-lit. Comme pour me taquiner, elle a faufilé ses doigts sous mes bras, m'a attrapé le cou en m'étranglant mollement. Faible de rire, je ne pouvais me défendre.

— Ça doit chatouiller plus que ça, a-t-elle ricané.

J'étais électrifié de rire, paralysé. Je me suis mis de la partie. Alors que ses lèvres effleuraient mon cou, elle s'est arrêtée net et est devenue grave.

— Cette cicatrice?

— Ah, ce n'est rien… Ne te préoccupe pas de ça! Bof… Dans mon ancienne vie, une prédatrice féline s'est prise dans un passionnant baiser.

Après un mouvement brusque de recul, son regard s'est fait de pierre en fixant ma poitrine. Je ne comprenais rien.

— J'ai déjà vu ce moment! a-t-elle lancé d'une voix sèche.

— Quoi?

— Où as-tu obtenu ça?

— Quoi?

— Ces quatre marques avec un point au centre!

— Oh! Il y a longtemps dans ma jeunesse!

— Oh! Oh!

Quel choc! Ma respiration se bloquait et ma mémoire s'engluait dans un brouillard opaque. Je zigzaguais en fouillant désespérément dans mes repères comme un aveugle en panique. Relaxe! Tranquillement, je me suis calmé. J'ai ouvert mes yeux. J'ai vu son visage à l'envers, au-dessus de moi. Ils étaient d'émeraude. Ces yeux. Elle était là, j'étais là, dans la même position que naguère. Une trêve de centaines de milliers d'années nous avait séparés.

— Vous êtes la Jeune Vierge au visage de boue rouge.

Elle a souri calmement. Ses cheveux blancs et ses rides révélaient bien une jeunesse éternelle. Nos vieilles mains se sont jointes et nos doigts se sont entremêlés comme pour faire une prière qui allait nous unir pour toujours. Je l'ai embrassée sur la joue. Elle s'appelait Lumière de Rêve. J'ai eu un élan de bonheur.

Je lui ai avoué qu'elle était la luciole de mes nuits. Le silence bavard d'un ruisseau qui, s'écoulant, riait en cascade, puis se glissait tranquillement dans la plaine aqueuse.

J'ai le goût de te réciter l'Amour, Lumière de Rêve.
L'Amour, c'est la mort et la matière morte.
L'amour tue l'amour pour que l'Amour vive.
L'Amour, c'est le rêve d'une lune souriante qui veut devenir quelque chose.
C'est le rêve de quelque chose qui veut vivre.
C'est le rêve d'une vie qui devient Lumière.
C'est le rêve d'une Lumière qui se marie avec un Sourire pour pouvoir s'éteindre.
L'Amour, c'est l'éclatement de la fleur de vie, c'est le repos en équilibre.
L'Amour, c'est partout, humains ou pas.

— Merci de m'aimer, merci. Merci, Lumière de Rêve, de m'avoir soutenu pendant toute une éternité, comme un enfant…

Elle a prononcé de jolis mots.

— Je t'ai attendu si longtemps. Le diamant brut, c'était toi. Il fallait que tu sois taillé. Non par le meilleur diamantaire. Mieux que ça ! Le monde devait le faire, te tailler à coups de massue et d'amour afin que tu reviennes brillant et pur sur toutes tes facettes.

Nous avons fondu en larmes.

Je suis retourné vers ma Mère la Terre en continuant ma collecte de débris spatiaux. C'était ma contribution. Durant tout le voyage, je n'ai cessé de penser aux deux fois où nous nous étions rencontrés. Cette fois-ci, lorsque nous nous sommes quittés, elle m'a chuchoté : « *Va ! Comme le respire qui porte le message.* »

Du coup, j'ai eu peur de ne plus revoir la Lumière. Je m'accrochais à une douce illusion, car nous nous reverrions, m'avait-elle annoncé. Quel beau nom, Lumière de Rêve. Dans le spectre lumineux, le vermeil, le navel, le flavescent, le vert et le bizut révélaient la magnificence du rêve. À partir de ces cinq effets de couleur, j'ai essayé de relier les cinq événements importants qui avaient changé ma vie. J'ai tout trouvé, tout sauf ce que je cherchais initialement dans ma quête : la fameuse pierre de lumière.

J'ai souvent fait l'erreur de croire à autre chose qu'au moi. Toute ma vie, j'ai cherché dans cet Univers et ailleurs dans les mondes interdits. J'ai cherché dans les dieux, dans la nature et les astres. J'ai cherché dans les Esprits, dans la science et les mondes fantastiques et inventés. J'ai même adoré des chimères et porté leurs insignes. Dans l'erreur et maintenant à mon dernier souffle, je recommencerais, car l'erreur m'a toujours remis sur le droit chemin de ma vie.

J'étais quand même allé vers la lumière. Chercher dans l'utopique n'était jamais tout à fait inutile. C'était la sérendipité. Vous savez, ce don que l'on a de faire des découvertes fantastiques dans l'inattendu ? Ce don n'est donné qu'aux curieux.

Les cristaux, l'étincelle de cette pierre de lumière à laquelle, pour dénicher une piste, j'avais consacré toute mon énergie, une énigme à découvrir, étaient un prétexte pour une quête et par conséquent les clés qui m'ouvraient les portes des temps. Je surfais sur l'onde qui me portait dans les époques. « *Le passé est immuable* », disaient-ils. Moi, je pouvais l'explorer, le changer... Je ciblais le moment présent. Ce passé que je vivais serait mon présent. Et du haut du sommet, le magnifique paysage de mon futur se déployait.

J'étais vraiment une race à part. Un sauvage indomptable. Un marginal qui passait d'une ligne à l'autre, libre des règles strictes qui manquaient trop souvent d'exceptions. Dans cette marge, j'osais annoter, être cynique, juger les autres qui, piégés comme des mouches, se débattaient dans la toile gluante. Et eux, dans les rangs, ne me comprenaient pas. J'étais sûrement l'objet de leur risée. Comme choqués de cette liberté que je possédais. C'était trop pour eux. Ça les dépassait. Ils étaient trop loin pour leur vision étroite, trop loin des repères universels. C'était chaque fois mission accomplie quand je devinais une étincelle dans leurs yeux, un désir plus fou que je ne l'étais afin que je leur serve de miroir. Même si la femelle hominidée hybride m'avait enseigné la particule d'Amour des roulipodes, c'est Lumière de Rêve qui m'avait fait prendre conscience que l'Amour est une particule volatile. J'avais difficilement compris l'étincelle de l'amour ; la fameuse particule d'Amour, « *elle est le lien entre les écoles de mystère et la science empirique* ». Elle m'avait dit de retourner à mes origines dès lors que je trouverais la pierre d'où cette étincelle provenait.

J'ai mis une éternité à trouver la Lumière. Toute ma vie… et elle tirait à sa fin. Mais elle, celle dont je connaissais à peine l'histoire parce que je m'étais sauvé, m'avait fait riche. Riche de générosité, riche du don, plus puissant que prendre. Elle m'avait fait marcher plus que je ne l'avais fait pour elle. Elle était riche de sérénité, et cela m'avait inspiré.

J'avais toujours eu peur d'égarer mes pierres, j'espérais le jour de la révélation, du mystère. Mais c'était un mirage… Je perdais l'essentiel. Quand la peur de perdre nous dépossède, il faut larguer. Ce jour-là, l'humanité avait trouvé sa brèche, et moi, j'avais senti toute mon égocentricité fondre en une générosité fluide. La générosité authentique n'avait pas de raison authentique.

C'était au moment où je quittais pour de bon mon bon ami Hakân. C'était jadis. C'était dans le tumulte pendant qu'il admirait comme un enfant mon ami le clown jongler avec cinq balles. Tu te rappelles ? J'étais derrière lui. C'est à ce moment précis que j'avais déposé sournoisement mes pierres dans son sac. Je lui avais dit que je ne cherchais plus rien, que je n'alourdissais plus ma charge, que je me débarrasserais un jour de ces pierres. Ce sacré Hakân n'avait pas eu le dernier mot, c'est moi qui l'avais eu.

JE SUIS ce que JE SUIS et JE FAIS ce que JE VEUX.

Le jour où nous disons tout haut ces magnifiques paroles et avec une réelle intensité, c'est que nous sommes au paroxysme du bonheur. Mon cœur débordait d'Amour et j'ai décidé de continuer encore. Cette fois, j'allais embrasser ma terre natale, celle de la première époque. L'une des cinq grandes terres entrecoupées des cinq grands océans, comme le Vieux Grognard me l'avait enseigné.

Avant tout, il fallait que je résolve l'énigme des cinq qui me sont apparus tout au long de ma vie, du pentagramme de la Petite Vieille. Elle avait parlé des cinq éléments : la terre, l'eau, l'air, le feu et l'artisan – le créateur. Sur ma poitrine, le point symbolisait le centre de l'Univers, le Moi. Avec les quatre directions, ça faisait cinq. Sur l'île aux statues géantes, il y avait nous, les cinq voyageurs des cinq continents. Mon ami Premier m'avait expliqué l'Esprit perpétuel se manifestant à travers cinq Grands Sages qui vivaient dans chacune des cinq grandes époques. Je pense à la constitution de l'équilibre avec la bicéphalie, les deux bras et les cinq doigts de chacune de mes deux mains. Je me suis rappelé les cinq naissances et les cinq morts (le Vieux Grognard, mon père, Jasy, Nomuulà, le Jeune Pharaon) en passant par les cinq étapes de vie. Il y avait les cinq grands cataclysmes, et le sixième, l'ère écocidaire, était le premier d'un nouveau cycle de cinq. Le Jeune Pharaon m'avait demandé si je connaissais les cinq étoiles qui ne suivaient pas les autres. J'avais répondu qu'elles étaient les planètes visibles à l'œil nu. Il m'avait bien enjoint de me souvenir que l'une d'elles était proche de moi. C'était Vénus, la planète de ma seconde rencontre avec Lumière de Rêve, la planète ardente de l'Amour.

Le cinq était le signe de la capacité de changer et de bouger, c'était le chiffre des voyageurs, des esprits larges, du mouvement, de la liberté. Oh! Du coup, j'ai allumé… Le pentagramme… C'était l'étoile composée des cinq cristaux.

Ce fameux pentagramme, symbole de Vénus la tellurique. Vénus la jumelle de la Terre, l'emblème du féminin sacré qui, dans sa course, trace un pentagramme dans les cinq périodes synodiques, c'est-à-dire le temps de revenir à la même place par rapport au Soleil, vue de la Terre. Cette attachante Petite Vieille m'enseignait le message du retour à mon amour grâce à cette étoile à cinq branches tracée sur la terre ocre mêlée de cendres.

Un cinquième cristal me viendrait, il était tellement près de moi, m'assurait-on…

Et mon amour, les cinq effets de couleur du spectre lumineux de la Lumière… de Rêve.

Confortablement couché dans ma capsule, je me suis laissé glisser dans l'interminable noirceur du tube souterrain. Le film de ma vie se projetait à une vitesse ridicule. Je revoyais le fond de ma vie. Je voulais comprendre ce qui m'avait amené jusqu'ici. J'apercevais l'époque où je cueillais des fleurs sauvages pour ma mère. Ces fleurs m'avaient donné une semence de rêve que j'ai déposée au creux de mon cœur. Secrètement, j'ai pris soin de ma fleur afin qu'elle s'épanouisse. Puis est venu un jour où je suis devenu son esclave. Ce jour-là, docilement, j'ai obéi à son ordre, celui de faire les cent millions de pas pour le plus merveilleux des voyages. On appelle ça cultiver l'intuition, car la raison ne m'aurait jamais emmené aussi loin. Elle a horreur du vide, de l'absence de repaires physiques et émotifs, du trou noir d'une cinquième ou d'une sixième dimension, je ne sais plus. Pourtant, chaque fois que j'avançais dans le néant, il y avait du solide. Qu'il n'y avait nulle raison d'avoir peur.

Je me suis laissé porter par le vent de l'émotion comme par une vague qui vagabonde sur l'éternité sans savoir pourquoi… Seul le vent savait, et c'est lui qui soufflait le message qui gonflait la vague et la voile des marins à la recherche de trésors.

Je déambulais dans le sens de ma vie, charriant les semences de ma fleur par-dessus les odeurs, le sable et les vagues. J'ai aussi séché les larmes des autres et j'ai poussé plus loin cette pluie trop abondante pour la répandre vers ceux qui avaient soif.

Oh! J'ai vu les plus beaux arcs-en-ciel et les pires ténèbres! J'ai goûté aux fruits les plus exotiques et aussi au venin de la fatalité. J'ai humé les parfums des fleurs du lointain et la puanteur de la putréfaction. Je me suis vautré dans les plus douces soies et j'ai saigné en offrant des roses. Aux aurores, je me suis réveillé au chant mélodieux des oiseaux multicolores et j'ai été profondément troublé par les supplices subis par les enfants. Oui, j'ai utilisé tous mes sens pour que s'en révèle un sixième, celui que l'orgueil m'empêchait de cultiver. À cause de cela, j'avais raté mon but de trouver la pierre de lumière. À peine l'effleurais-je qu'elle se désagrégeait en poussière pour que je revienne au point de départ. Dès lors, je devais revenir à mes précieuses racines, que je n'avais jamais vraiment reniées.

Alors pour de bon, je suis sorti des vies souterraines pour aller à l'inverse de ce monde obscur. Mes mains couvraient mes yeux trop éblouis par la brillance du dieu Soleil. Je revenais d'un rêve. Or, je me suis retourné comme pour faire un adieu. L'entrée de l'antichambre de la caverne n'était plus là. La porte de mon avenir s'était refermée et mon passé n'était plus. J'ai quand même continué vers ce passé originel et j'ai compris que la saison sèche était finie. La nature enveloppait notre Mère la Terre. L'air embaumait la vie comme aucune

femme ne le faisait en portant des parfums agui-
chants. Le visuel était paradisiaque, la jeune verdure
s'épanouissait orgueilleusement dans de nouvelles
fleurs rouges, roses et blanches qui riaient de tendresse. Mes doigts glissaient entre les fines herbes et
se délectaient de la fraîche rosée. Moi aussi, je savou-
rais. C'était ma forêt luxuriante. J'ai embrassé les
arbres comme de vieux amis pendant que les cris
d'animaux dont j'ignorais l'existence remplissaient
l'éther. Les montagnes et les murailles de rochers
coniques ciselées par les millénaires montaient en
fierté. J'étais très, très loin de la civilisation, le coin
idéal pour le rêveur dépressif. Voilà où je voulais être
à l'époque miséreuse de ma vie. Le pur silence était
brisé par le doux écoulement de la rivière qui voulait
me chuchoter sa dernière leçon:

*Certains ont voulu te faire dévier de ta route pour leur
bénéfice, mais souviens-toi qu'ils t'ont donné de la nourriture comme pour te dire: «Va, continue ton chemin en
paix. J'aime ton chemin, je voudrais qu'il soit mien.» Et
sur ce chemin, quelle que soit la valeur des choses que tu
convoites avec tes yeux, jamais elles n'arriveront à la che-
ville des valeurs intérieures que tu possèdes déjà. Il n'y a
pas plus grands temples ou sanctuaires de mystères sacrés
que ceux que tu as en toi. Tu peux chercher ailleurs, au-delà
de ton origine, mais si tu es vrai, cela te ramènera en toi.*

Dans les alignements du fond du canyon, j'ai reconnu la pierre debout comme pour un *in memoriam*. Tout devenait merveilleux, les fleurs de songes que Dogo avait semées volaient au vent comme des petites robes bleues. Sur ce monolithe, un pétroglyphe, le signe que j'avais sur ma poitrine. J'ai respiré le message qui disait que j'étais proche de l'Amour. J'ai poussé cette pierre pour la faire tomber. J'ai creusé en transperçant le sable et en le tamisant. Le sac bleu en scrotum de phacochère s'est coincé entre mes doigts, ainsi que le silex jaune de Dogo. Est-ce que je rêvais ? Hakân ! Dogo ! Se connaissaient-ils ? Étaient-ils la même personne ? Savaient-ils que je reviendrais ici pour retrouver ces cristaux ? J'étais chamboulé. Ce sacré Hakân ! C'est finalement lui qui avait eu le dernier mot.

Les quatre cristaux étaient dans le sac de cuir bleu, ainsi que le petit sachet de peau du Cordonnier. J'ai coupé les coutures avec le silex jaune de Dogo. Je suis resté ébahi... Un cristal d'émeraude et une fiole s'y trouvaient. J'ai débouché la fiole. Du kyphi ! Ce touchant Cordonnier, nul doute qu'il était vraiment mage. Un magicien spirituel ? Avait-il connu le Jeune Pharaon aussi ? Et cette émeraude, la pierre de l'Amour ? Je l'avais sur mon cœur dans le petit sac de cuir, à l'égale de Lumière de Rêve qui était dans mon cœur.

Alors là, les cinq cristaux étaient entre mes mains. J'ai tracé un cercle et un pentagramme sur la terre, et comme la Petite Vieille l'avait fait, j'y ai déposé les cristaux.

J'étais dans l'accomplissement de ma vie, entre une fin et un commencement. Plus de doute, je ne recherchais plus rien, mais je continuerais vers mes racines.

Même avec toute la bonne volonté du monde, un cadeau de pierres précieuses pouvait corrompre. Le Jeune Pharaon me l'avait dit. Il y avait de ces maîtres qui préféraient rester purs. Étonné de ce vécu ou de ce rêve dont je me réveillais – oh! ce n'était pas un mauvais rêve, seulement un rêve très long –, j'avais rencontré les maîtres du monde. Dans les temps où l'histoire s'était perdue, ces maîtres ressentaient les énergies qui équilibrent la vie, qui leur donnent la paix, et ils ont choisi les sites sacrés pour l'énergie cosmique qui en irradiait. On avait construit des temples, des sanctuaires et, bien sûr, des pyramides afin de connecter la mort au divin. Des menhirs aussi. Cette pierre était la pierre de lumière, la pierre étincelante.

J'ai tout remis dans le sac de cuir bleu, incluant les deux amulettes d'or. J'ai enterré le tout et, de peine et de misère, j'ai relevé la pierre. C'était la pierre de lumière. Je me suis mis à marcher longuement vers mon destin. Mes vieux os, les jointures de mes hanches et mes muscles me suppliaient d'avoir pitié. Je me sentais tellement en vie que je riais dans ma souffrance. J'allais vers la source de mon humanité. En amont de la vallée, je me suis retourné, j'ai vu mes traces sèches qui me suivaient, toujours aussi fidèles. Comme elles, l'empreinte de ma vie serait bientôt effacée par le vent. Mais là, par chance, les montagnes coupaient le vent trop frais venu des étoiles stables, étoiles qui se situaient autour d'une étoile plus stable, l'étoile Polaire.

Je me suis assis sur une souche pour contempler la splendeur des éclairs dans le fond noir du grand théâtre. C'était un spectacle étonnant, absolument grandiose. Tous les tonnerres s'étaient donné rendez-vous pour créer une grande frappe. Mon ami Dogo m'avait dit que la pierre de lumière allait éclater de cette manière. Le ciel se vidait de son eau et presque toute la largeur de l'horizon était lumineusement colorée. De ma voix, je me suis fait une musique pour accompagner ces magnificences. Les vents forts sont venus me secouer, l'air électrisait mes bras comme si j'étais un paratonnerre. Les éclairs perçaient le sol autour de moi comme des épées de feu. Je me demandais tout le temps si j'allais mourir dans une seconde. Mais les tonnerres se sont éloignés. Lentement, je me suis assoupi.

Au petit matin, je me suis réveillé trempé de chaleur. Après avoir apaisé ma soif et ma faim, un homme m'a entraîné... Je ne savais pas qui il était, il était comme un fantôme. Il disait qu'il était mon frère.

— Où allons-nous ?

— À trois nocturnes d'ici. Nous allons tourner vers le couchant et nous allons marcher jusqu'à la prochaîne légère pluie. De là, nous prendrons la direction du côté du cœur.

Je riais seul, il s'exprimait comme au temps de ma jeunesse. Mon frère était plus proche de mes propres ancêtres que je ne l'aurais jamais été dans les autres mondes. J'étais serein et inquiet à la fois, comme si j'allais mourir après une vie bien remplie. Nous marchions et marchions jusqu'à l'épuisement, et encore. Au rythme de nos pas, mon cœur battait de sa vie fragile. Le poids de mon âge m'écrasait. Ma tête écoutait le martèlement primaire, celui de mon origine. Ce rythme transcendant du tamtam originel, entremêlé des stridulations stéréophoniques des cigales, me disait que j'étais près de mon but. Encore, je me suis retourné, mais je ne voyais qu'une trace de pas. Il me parlait, comme un sage.

— Vois les animaux, ils te laissent passer. Regarde les plantes, elles te donnent des fruits et des baies arc-en-ciel au goût succulent.

J'étais assurément de l'autre côté du silex au tranchant infranchissable. Les deux chefs se rencontreraient. Ce Vieux Grognard avait raison, elle était ici, la pierre de lumière, de l'autre côté du grand océan.

Le soir, nous sommes arrivés dans le fond de la vallée. Comme un mirage, l'esprit m'a laissé seul près du ruisseau. Il a disparu en sautant par-dessus les pierres. Il grimpait dans les arbres plus vite que le léopard et déjouait tous les fauves. La terre appelait maintenant mon corps, et mon esprit voulait sortir de mon vieux cœur. Je me suis abreuvé dans la paume de ma main en formant un godet avec mes doigts bien serrés, comme Dogo et moi avions l'habitude de le faire. J'ai regardé le firmament. Je reconnaissais les brillances comme au temps de ma jeunesse. Le croissant de la Lune me souriait et sa peau était belle. Mon vieux corps s'est accroupi lentement et s'est allongé. Comme souvent, il épousait merveilleusement les formes des roches rondes et chaudes. Dormir sur le ventre protecteur de notre Mère la Terre replaçait les énergies vitales. Dans ce silence parfait de l'immensité, d'autres, ailleurs, là-haut, observaient ce

marcheur couché dans le silence et qui imaginait…
« *Le ciel est mon toit et la terre est mon lit.* » Le ciel
n'était pas que là-haut, il était ici, sur terre et dans
mon cœur. La terre était dans le ciel.

J'ai ouvert toutes grandes mes mains et j'ai fait
un pacte avec l'Univers : « Donne-moi ce que tu as
et je te donne ce que je suis. »

J'ai rêvé que je m'envolais très haut, que les
galaxies s'éloignaient dans le vide sidéral et que je
devenais une parcelle de lumière.

Une trainée de rose, d'orangé et de rouge tein-
tait l'aube. Ça faisait une éternité que je n'avais vu
une fresque si joliment désordonnée, bien éveillée
et parsemée d'animaux étranges et familiers, et de
plantes du temps de mon enfance.

Le lendemain, j'ai marché jusqu'au zénith, j'ai
suivi les filets d'eau qui sillonnaient, nonchalants,
sur les fonds de sable. Il y avait des silex çà et là,
par terre. Je me suis incliné délicatement. J'ai
effleuré un morceau du bout du doigt, puis je l'ai
prise en frottant et en soufflant pour décoller le
sable sur l'autre face. J'en ai caressé les tranchants.

Je me suis tourné vers ma gauche. Le Soleil faisait jaillir les couleurs ocres et rouges du canyon,
dont les strates frisées dessinaient de jolies vagues.
Encore une fois, mon cœur s'est mis à cogner dans
ma poitrine. Mon corps était moite et j'ai dégluti
pour essayer d'humidifier ma gorge sèche par
à-coups. Je reconnaissais chaque facette de cet
outil. C'était mes mains qui l'avaient façonné.
Jadis… Jadis… Ce silex venait de raconter ma vie.
La grande frappe, c'était moi qui l'avais eue.
C'était Lumière de Rêve qui me l'avait si bien
exprimé. Voilà, je le réalisais à l'instant. Le monde

m'avait façonné à grands coups d'amour et de durs moments. C'étaient ces chocs qui avaient révélé la pierre de lumière en moi, le diamant pur, je ne savais quoi encore. De fait, je me suis rappelé la pensée de la grande roulipode : « *L'étincelle que tu cherches est la particule Amour. La marque sur ta poitrine illustre le centre autour duquel tout gravite. Les atomes de lumière et de matière se marient dans un Amour si puissant de valeurs que la vie se crée.* »

Je revoyais dans ce silex chacune des frappes que je lui avais données et les étincelles dans les yeux de Dogo. Et ces étincelles... Voilà... Elles m'avaient enseigné.

J'ai senti la main de Dogo sur mon épaule et j'ai cru entendre sa vieille voix dans le langage de notre enfance :

— Je savais que tu accomplirais ton périple et que tu reviendrais. Tu avais le profil psychologique et physique parfait pour cette grande réalisation. As-tu trouvé ce que tu cherchais ?

— Non, mon ami... Plus que ça ! Regarde l'Amour autour de toi, Dogo. Tout ce que tu vois, touches, respires, goûtes et entends n'est que la surface de la pierre. La partie intérieure recèle d'innombrables formes. Sous chaque parcelle de poussière qui s'unit aux autres, il y a un rêve nouveau avec un nombre infini de vecteurs. L'infini n'a pas de nombre, l'infini est l'Amour.

— Il y a une émeraude qui t'attend... Ton dernier cristal de Lumière, a répondu Dogo. Tu viens ? Tes petits-enfants sont là, avec elle, Lumière de Rêve.

ÉPILOGUE

L'île Sous-le-Vent

Chacun des cinq continents de mon tour du monde à pied m'a dévoilé un thème de réflexion. Les deux Amériques : les valeurs ; l'Afrique : les croyances ; l'Europe : les politiques ; l'Asie : la biodiversité, avec notamment Bornéo et sa nation Iban, peuple encore près de la forêt ; et finalement l'Océanie : le sens de la vie. C'est alors que j'ai senti ma mission de promotion pour la paix et la non-violence pour les enfants dévier vers le thème de l'environnement. Je me suis questionné. Y a-t-il un lien entre la paix pour les enfants et la cause pour la biodiversité ? Effectivement, le lien est direct. Cette île Sous-le-Vent a été l'achèvement dans ma compréhension de l'humain-animal, ou animal-humain, une bête qui m'habite trop souvent. Elle me rend prédateur. Elle va jusqu'à enlever la nourriture de la bouche des autres qui ont faim, sans remords, même si mon garde-manger est plein à craquer. Ce sont mes multiples questionnements et surtout ma rencontre avec

Sourire, en plein milieu de son chemin de vie, qui m'ont donné le goût d'écrire sur lui, exactement comme nous l'avons vécu. Cet homme-là est le plus vibrant des personnages qu'il m'ait été donné de rencontrer. Il a tout un caractère! Et Dieu sait que j'en ai vu, du monde!

Je me souviens... Nous marchions et marchions tout en placotant dans l'immensité des plantations de palmiers. Les bordures de la route étaient parsemées de ces fruits qui allaient du jaune soleil au rouge feu, puis vers le rouge vif et le bourgogne marron. Ils tombaient des chargements. Plus loin, on les écrabouillait pour en extraire l'huile de palme.

Le temps avait tourné à l'orage. J'avais peu d'eau et presque plus de nourriture. Il me restait des œufs durs de cane achetés à un marchand chinois. Mon chariot semblait plus lourd que d'habitude dans cette chaleur humide des montagnes de l'île Sous-le-Vent. J'étais trempé comme une lavette, je m'arrêtais souvent pour tordre mon t-shirt près des plantes carnivores. La nature était magique! J'espérais seulement que nous trouverions une place à l'abri pour la nuit. Les nuages s'épaississaient dangereusement en face de nous.

— Continue à me raconter ton histoire, Sourire, elle est trop rafraîchissante, avais-je dit.

Je ne savais plus qui croire, de lui ou de moi. Fantaisie ou réalité? Avoir la chance de marcher avec un tel personnage, était-ce une manière de transposer mes idées pour ne pas devenir trop fanatico-égoïste? À se regarder en face quand on est seul, on s'imagine souvent le monde contre soi. Et la seule référence, c'est la famille, quelle qu'elle soit. Si elle est absente, la référence, c'est l'imagination.

— Pas vrai, Sourire?

Il était vraiment volubile, il était de ma famille. Très volubile, mais pas du tout pour ce qui était de sa vie personnelle. Autrement, il parlait de choses philosophiques – d'un Vieux Grognard –, d'une sixième leçon sans jamais me la dire. Moi, je ne jouais pas son jeu et je lui parlais de la mienne, de famille, pour qu'il finisse par me parler de la sienne. Je lui racontais que j'avais toujours voulu ressembler à ma mère. Qu'elle incarnait la stabilité. Mais j'avais dû me rendre à l'évidence... Je retenais ça de mon père... Je veux dire, ses histoires. Il racontait sa jeunesse héroïque à répétition et essentiellement avec des vérités trop épicées.

Un jour, ses histoires n'ont plus fait rire. Ma mère l'a laissé, et avec raison.

Quand j'y pense, pauvre père, il a dû en rêver un coup à me suivre en survolant la mappemonde. Il avait failli à sa promesse d'être là à mon arrivée. La maladie avait eu raison de lui, j'étais en plein milieu de ma longue marche autour du monde. C'était mon héros, mon père. Un dur travailleur qui avait bien vécu ses folies. Comme par magie, un héros, c'est encore plus héroïque quand ça meurt.

Sourire était mon héros aussi. Il m'a appris tant de choses de la vie et de son temps. Il m'a parlé de sa complicité avec sa ligne de vie. Lorsqu'il se détournait de son chemin, ce même chemin le ramenait ; lorsque son chemin le détournait, il le corrigeait.

« *Respecte les différences entre nous, humains* », m'avait enseigné mon cher vieux père dès ma tendre enfance. Ce jour-là, mes talons grinçaient à chacun de mes pas. Irrité, papa m'avait surpris. « *Ne traîne pas les pieds, mon petit.* »

— Tu vois, Sourire, où ça m'a mené ?

En réalité, mon père et moi avions plus la tête dans les nuages que les pieds sur terre. Même si on travaille dur, ça peut nous mener à l'échec. On a tous nos formes de panacée. Celle-là a failli m'emporter au paradis des enfers. Pas mal... Comme ma longue marche autour du monde... Il fallait que je prenne le risque et que j'en mange une maudite, comme on dit dans mon Québec natal. Mais moi, j'avais ma si aimante Luce, la persévérante, celle qui adoucissait le cœur de son marcheur préféré. Et moi, là-dedans ? Étais-je vrai par rapport à notre amour ? J'ai la conviction que oui.

— Au fait, Sourire, pourquoi taquine-t-on autant la mort ?

Il m'avait dit que de taquiner la mort nous rendait plus vivants.

Toujours est-il que Sourire se faisait volubile dans le récit philosophique de sa préhistoire, de son histoire et de sa posthistoire. Tout se passait dans l'intellect. Je lui parlais aussi de mes préoccupations qui, je m'en suis aperçu, étaient aussi les siennes. Ça fait tellement du bien de parler, surtout quand l'autre nous écoute...

Pourquoi consommons-nous autant de cette huile de palme au sacrifice de cette jungle que j'espérais voir ? Cette huile est partout, dans les cosmétiques, la nourriture, le biocarburant, les plastiques. Elles sont hypocrites, ces huiles, elles se cachent sous toutes sortes de pseudonymes. Je me sens coupable d'aveuglement volontaire. Quand je racontais mes expériences de voyage, les passants me conseillaient amicalement :

— Tu dois faire voir ce que tu as appris au service de la vie... Griffonne ça dans un livre.

Sourire me prévenait :

— Ne coupe pas jungle et forêt boréale pour un livre papier et ne produit pas de cancers pour des terres rares qui seront destinées à une liseuse ou à une tablette numérique, ça ne vaut pas la peine. Les gens doivent apprendre à lire dans la nature comme le bon Cordonnier.

Je me suis laissé corrompre. Désolé, Sourire. Désolé, Cordonnier !

Ça ne s'excuse pas, quelqu'un qui est désolé d'assassiner la nature parce que l'imprimeur doit gagner sa vie, que l'éditeur doit procurer du loisir, que le lecteur est avide de savoir. Surtout, ça donne des redevances. Par après, c'est dans cette île aux paradis perdus que j'ai vraiment réalisé que l'on a fait exactement la même chose dans nos pays. Monocultures, gazon par-dessus monocultures, appauvrissement des sols... Notre Mère la Terre ne peut plus guérir.

Qui suis-je pour blâmer les autres ? C'est ma faute, je consomme presque partout. Je consomme trop tout. Heureusement, la nature nous survivra. Elle a trop de vitalité. Et elle a beaucoup plus de temps que nous.

— Et le monde, Sourire... Il est beau, le monde ?

Il m'avait répondu sagement. Comme toujours.

— L'humain est un être extraordinaire, il y a quelque chose de magique en lui et je peine à être à la hauteur. Plus je vais à la rencontre de mes frères, plus ils me bâillonnent. Je ne peux dire sans que je ne médise, et je blesse. Alors je me tais le plus possible. L'amour, ça niche dans le cœur, et ce petit moteur fonctionne pareillement pour tout le monde.

Il semblait que l'orage se déplaçait vers le nord, vers ma droite. Les épais nuages nous frôlaient un peu trop. *The land below the wind...* Que c'est romantique. Ça pourrait faire le titre d'un film. On disait que l'air serait plus sec sur la côte méridionale de la mer de Chine. J'étais dans l'hémisphère sud climatique, presque à cheval sur l'équateur. Ça avait été une bonne décision que je me déroute en continuant vers Mindanao. Ouf! J'avais évité de justesse la mousson de l'hémisphère nord.

Quelques jours plus tard, le 15 juin 2009, je suis passé dans la ville de Tutong, au Brunei, que je voyais à peine parce que j'étais pris en dedans, me posant les questions existentielles classiques. Pourquoi suis-je né si ce n'est que pour mourir? Pourquoi la vie, si ce n'est qu'une folle aventure que je ne comprends pas encore? Est-elle la réaction de tant de tourments depuis que je suis? D'où vient le rêve que je sois? Et pourquoi ici et pas là-bas? Ne serait-ce que pour rire et souffrir, pour faire des enfants qui, à leur tour, feront la ronde? Où est cette ascension merveilleuse, dont je doute, même dans la certitude?

Poussant durement mon chariot à bagages, j'avais levé vers l'horizon mes yeux brûlants de

sueur. En attendant l'ultime souffle de la délivrance, marche encore et encore, tant qu'il y aura
un chemin sous tes pieds pour trouver un sens à la
vie.

Encore, les questions me reviennent. Et cette
cause que j'ai épousée pour propager la paix et la
non-violence au profit des enfants du monde.
Serait-elle l'œuvre de la main géante du destin qui
m'aurait gentiment poussé à aller aussi loin ?
Pourquoi me sentais-je si impuissant devant une
muraille de tabous érigée par la justice et un
entourage aveuglé ? Par chance, c'est fort, des
enfants. Un jour, ce monde n'avait plus été le mien,
et j'étais parti très loin. Sourire ne m'avait dit
qu'une chose : « *L'enfer est là pour apprendre, et il n'y
a d'ennemis que dans ta tête. Regarde tes enfants et
l'amour familial qui t'est apparu d'un coin de
l'inespéré.* »

Pourquoi Luce, ma tendre compagne de vie, a-
t-elle autant cru en moi ? C'est elle qui m'a suggéré
de marcher pour la paix. C'est la cause qui a soutenu ma marche autour du monde. Je me rappelle,
dans l'interminable désert du Sahara, le vent m'at-
taquait vigoureusement en pleine face, et je
m'encourageais : « Oublie-toi, fais-le pour les
petits, il y en a qui souffrent à en mourir. Toi, tu ne
mourras pas de ça, au contraire. Au milieu de nulle
part, tu trouveras un coup de pouce. Et tu as une
famille… » Providence, un homme s'était arrêté et
m'avait offert un sac de dattes fraîches.

Un jour, en montant vers le massif du Kinabalu,
Sourire et moi avons fait une halte, histoire
d'éponger nos visages et nos vêtements. C'était
chaud, c'était très chaud, suffocant. Au loin, les

montagnes se cachaient les unes derrière les autres dans la brume bleu délavé qui se mêlait avec celle du ciel. Sourire était absent, il semblait préoccupé, probablement aussi par mon absence qui ne rattrapait pas la sienne. On appelle ça des opposés, des vagabonds des antipodes qui vivent chacun dans leur bulle en se complétant.

Sourire m'avait dit qu'il me quitterait là-haut, sur la passe. Nous avions continué en montée – encore – même après la ville de Ranau et jusqu'à cette passe qui voisine le massif. Nous étions à mille cinq cents mètres d'altitude. Oh! Ce n'est pas vraiment haut si on la compare aux passes andines et himalayennes. Quand même, le Kinabalu est le plus haut sommet de toute la Malaisie. Ce monarque culmine en dents de scie à quatre mille mètres.

Ces hauts sommets sont comme la passion amoureuse, on n'y reste pas longtemps. Et après, on retourne vers un amour de tous les jours. On a la nostalgie, mais après trois décennies de vie commune, Luce m'a fait une déclaration d'amour. *« Je ne t'aime pas pour ce que je vois avec mes yeux, pour ton visage, tes cheveux. C'est toi que j'aime pour le marginal aux idées de fou que tu es. Celui qui m'a fait chier aussi. Je t'aime pour ce que tu es, et pas pour ce que je veux que tu sois. »*

Pourquoi Luce a-t-elle tant cru en moi?

Je n'avais jamais vu Sourire me répondre de manière si violente.

— Parce que Luce t'aime et qu'elle veut que tu t'accomplisses une fois pour toutes dans ta damnée de vie.

— Je comprends à peine cet amour qui dépasse l'entendement, un amour risquant le tout pour le tout. Pourquoi m'a-t-elle fait taquiner la mort ? Et si la mort avait tout brisé avant l'accomplissement ?

Question idiote. C'était une manière de m'accrocher à lui, je ne voulais pas qu'il s'en aille Il a regardé vers la montagne. Moi, je savais qu'il allait rencontrer l'Esprit, celui de la légende. Il s'est arrêté et m'a dit, majestueusement :

— *Prends le fabuleux risque de vivre avant de mourir. Parce qu'un jour, tu n'auras plus le temps de changer ton passé. Trouve l'étincelle...*

Il a alors tourné son regard vers la droite et s'est éloigné vers le massif sacré. On peut sortir l'humain de la forêt, mais jamais l'*homo sapiens* de la forêt, là où on a évolué. Là ! J'avais l'impression de prendre le relais d'une quête impossible, à moins que je ne meure. Je lui ai crié, pendant qu'il s'éloignait, avant de ne plus le revoir :

— Mais qu'en est-il de la sixième leçon ?

Il ne m'entendait plus dans ce vent à contresens. Il me soufflerait assurément la réponse... un de ces jours.

Je suis redescendu sur l'autre versant de la passe en admirant un long filet d'eau qui chutait dans un vide profond. Assez impressionnant. C'était la montagne qui pleurait... Toutefois, si elle continuait, c'est moi qui allais pleurer avec elle. Plus bas, les cultures en terrasses déboulaient de manière merveilleusement désordonnée.

Moi, je marchais toujours face au trafic. L'humain est une espèce dont il faut se méfier, surtout quand on lui tourne le dos. Je gardais à peu près ma tête en direction du Sarawak, la terre des anciens chasseurs de têtes. Je me suis arrêté à un stand. C'était jour de fête et on m'a offert du tuddy, un alcool de cocotier. Le marchand m'a demandé si je m'étais rencontré au fil de ma longue marche. Chaque fois, je ne comprenais pas le sens de cette question. Souvent, ça me ramenait à l'origine de mes ancêtres, à Isimila en Tanzanie, le fameux site des silex. Le site où Sourire et moi nous étions rencontrés. Mais là, j'ai dit au marchand que je venais de me quitter sur la passe. Il a été surpris. Pensait-il que je me serais rencontré plus quelque part ailleurs ?

Il a fini par embrasser sa terre, comme il le souhaitait. Ses racines. Il se faisait vieillard, la force de la gravité attirait son corps vers la terre. Il s'est allongé, son signe était bien en évidence sur sa poitrine, au centre de lui-même, le point d'équilibre, en paix. Le temps de Sourire, son ultime respire s'est mêlé au vent, qui a porté au loin un message d'Amour. Pareillement au Vieux Grognard, ses petits yeux se sont refermés pour une éternité de lumière.

Dans un moment privilégié, j'étais là… En rêve. Sourire était très heureux, comme il l'avait toujours souhaité pour la fin de sa vie. Sa mère lui avait raconté son premier respire à sa naissance, et je me suis promis de raconter sa vie jusqu'à son ultime expiration. Avant que le respire ne sorte définitivement de sa poitrine, il a chuchoté :

— C'est un bien long voyage dans une trop courte vie.

— Es-tu allé aussi loin que tu le souhaitais, mon bon ami Sourire de Lune ? lui a délicatement soufflé Dogo.

— Il n'est pas nécessaire de voyager très loin avec ce corps. L'Esprit est le plus grand des globe-trotteurs. Un voyage dans le fantastique est aussi exauçant qu'un voyage dans le physique. Car tout est réel. La plus magnifique quête se fait en contemplant les ténèbres là-haut. Regarde les brillances et le fin quartier de la Lune. Elle sourit, la Lune. Il y a dans le firmament à la fois l'essence et le moteur du véhicule qui fait voyager la vie. Alors, oui, mon ami, je suis allé loin, mais toujours tout près de Lumière de Rêve. Nous avons vécu une magnifique histoire d'amour.

Enveloppé d'une lucidité prodigieuse, il s'est regardé avec les yeux de sa mère, de son vieux père et du Grognard, de son vieil ami Dogo, de la Petite Vieille et de la Pouilleuse, de la Matriarche, de Nomuulà et de la petite fille avec l'ourson, de Premier et de Jasy, du Jeune Pharaon et bien sûr de l'homme au visage laiteux, de l'enfant de Nulle-Part , du drôle de Cordonnier, des maîtres venus sur l'île aux statues géantes, et aussi d'Okikö, du gringalet de la forêt luxuriante, d'Hakân et de l'homme au visage et aux yeux meurtris, du clown, de la femelle hominidée hybride à la peau marbrée de blanc, de brun et de noir… Et de la grande roulipode. Il a nettement vu qu'ils n'étaient nul autre que lui-même. Le moment de l'ultime exaltation est venu. Il a décidé qu'il était temps de se fusionner à l'étincelle divine, l'étincelle de rêve, la particule d'Amour, pour qu'une autre vie la cueille au passage. Faut-il croire en une réincarnation ?

Comme en pleine jouissance, il s'est senti aspiré vers un monde éthéré. Son vieux corps ne lui faisait plus mal. Les autres étaient là, sa famille et les gens de son village, réalisant autour de lui une magnifique couronne humaine.

Et tout contre la dépouille de Sourire de Lune, il y avait une émeraude, une Lumière de Rêve.

— FIN —

Achevé d'imprimer
sur les presses de
Imprimerie H.L.N.
Imprimé au Canada - Printed in Canada